U0936151

珍藏本·增订本

纪念版

汉译世界学术名著丛书

我与你

〔德〕马丁·布伯 著

陈维纲 译

商务印书馆
SINCE 1897
The Commercial Press

Martin Buber

Ich und Du

本书根据 Verlag Lambert Schneider 1983 年版译出

汉译世界学术名著丛书
（120年纪念版·珍藏本）
增订本出版说明

2017年10月，为纪念商务印书馆创立120周年，本馆推出“汉译世界学术名著丛书”（120年纪念版·珍藏本），计七百种。近五六年来，仰赖学界同人倾力支持，订正旧译，增补新译，拓展新著，积累日多。为满足读者需要，本馆在七百种的基础上，继续推出“汉译世界学术名著丛书”（120年纪念版·珍藏本·增订本）三百种。至此，“汉译世界学术名著丛书”累计出版已达千种。

今后，本馆将继续推进丛书的翻译出版工作，在积累单本名著的基础上陆续分辑刊行，汇印出版。为促进中外文明互鉴、推动我国学术发展，使“汉译世界学术名著丛书”这项对我国学术文化有基本建设意义的重大工程发挥更大作用，诚望海内外学术界、翻译界继续给予支持，帮助我们把这套丛书出得更好。

商务印书馆编辑部

2024年2月

汉译世界学术名著丛书
（120年纪念版·珍藏本）
出 版 说 明

2017年2月11日，商务印书馆迎来120岁的生日。120年前，商务印书馆前贤怀揣文化救国的理想，抱持“昌明教育，开启民智”的使命，立足本土，放眼寰宇，以出版为津梁，沟通中西，为中国、为世界提供最富智慧的思想文化成果。无论世事白云苍狗，潮流左右激荡，甚至战火硝烟弥漫，始终践行学术报国之志，无改初心。

逐译世界各国学术名著，即其一端。早在20世纪初年便出版《原富》《天演论》等影响至今的代表性著作，1950年代后更致力于外国哲学和社会科学经典的译介，及至1980年代，辑为“汉译世界学术名著丛书”，汇涓为流，蔚为大观。丛书自1981年开始出版，历时三十余年，迄今已推出七百种，是我国现代出版史上规模最大、最为重要的学术翻译工程。

丛书所选之书，立场观点不囿于一派，学科领域不限于一门，皆为文明开启以来，各时代、各国家、各民族的思想与文化精粹，代表着人类已经到达过的精神境界。丛书系统译介世界学术经典，引领时代思想，为本土原创学术的发展提供丰富的文化滋养，为推动中国现代学术和现代化进程做出了突出的贡献。

为纪念商务印书馆成立120周年，我们整体推出“汉译世界学术名著丛书”120年纪念版的珍藏本，寄望既利于文化积累，又便于研读查考，同时向长期支持丛书出版的译者、编者和读者致以敬意。

两甲子后的今天，商务印书馆又站在了一个新的历史时间节点上。我们不仅要铭记先辈的身影和足迹，更须让我们的步伐充满新的时代精神。这是商务人代代相传的事业，更是与国家和民族的命运始终紧密相连的事业。我们责无旁贷，必须做好我们这代人的传承与创造，让我们的努力和成果不仅凝聚成民族文化的记忆，还能成为后来人可以接续的事业。唯此，才能不负前贤，无愧来者。

商务印书馆编辑部

2017年10月

译　　序

马丁·布伯（1878–1965）是现代德国最著名的宗教哲学家，宗教存在主义的主要代表人物，由于其学说对于20世纪人类的精神生活产生了相当深刻的影响（《大英百科全书》“马丁·布伯”条），因而被视为当代西方最伟大的思想家之一（希尔普主编的《当代哲学家文库》:《马丁·布伯的哲学》）。

我不敢贸然断定这位宗教哲学大师的名字在我国知识界中目前还鲜为人知。不过，几年前在北京大学图书馆偶然翻阅到《我与你》时，我的确不知道这本薄薄的小册子竟是西方闻名遐迩的经典著述。令我深为叹服且促使我立即着手移译的，乃是该书所蕴含的独特深邃的思想及其异常优美的文笔。

这当然应归咎于我的孤陋寡闻，但细想之后，我感到问题并非如此简单。自五四运动以来，我国研究西方文化者在其哲学上着力极多，而能深谙其宗教哲学者却为数寥寥，其中的复杂原因几句话难以说清楚。海外学者唐君毅最反对关于中国人缺乏超越感、宗教感的说法，我倒觉得此种说法不无道理，关键问题是如何理解超越感的含义。近年来，东西方文化之争又成了我国学术界的热门课题，沸沸扬扬，大有无人不谈文化，无处不论文化的势头。我于西学、中学皆不通，对此自然不敢妄加评说。只是有一点需要指出来：要讨论某种文化，至少得把它的内容、源流弄清楚，进入它，理解它，体悟它，把握其真精神。可惜的是，这场文化之争从一开始便缺少一种公允的态度。梁漱溟把黑格尔、柏格森之流的思想看作西方精神的表征，这已经是偏执至极，但陈独秀、胡适等人又何曾真正摆脱了“西方崇物质，中国尚精神”的浅薄谬见，何曾能深入到西方文化的底蕴根处？这两年的争论不仅没有克服以往的纰缪，反而还添上了其他毛病（连中学也未必通）。

西方文化植根于希伯来精神与希腊理性主义。要使文化之争不至于演变成一出闹剧，我们必得对渊源于希伯来精神的西方宗教哲学做一番透彻的研究。如果这种看法确有道理，那么《我与你》的翻译与出版便具有了极其重要的意义。

一

布伯于 1878 年出生于维也纳一个犹太人家庭，1896 年至 1900 年，他先后在维也纳大学、莱比锡大学、柏林大学与苏黎世大学攻读哲学、历史和艺术，醉心于狄尔泰和齐美尔的哲学。他早年积极参与犹太复国运动，1901 年出任该运动的主要杂志《世界》的主编。1916 年，布伯又创办了德国犹太人月刊《犹太人》。这份杂志从诞生之日起迄 1924 年停刊为止，一直是德国犹太人享有最高声誉的喉舌。1924 年至 1933 年，他在法兰克福大学任宗教哲学教授与伦理学教授。希特勒上台后，他把全部精力投入到反纳粹主义与振兴德国犹太人精神力量的工作中，成为犹太人的精神领袖。1938 年，布伯移居到巴勒斯坦，任希伯来大学宗教社会学教授，尔后又出任该大学社会学系主任。他是以色列科学与人文学院的首届主席。1965 年，他逝世于耶路撒冷。

布伯一生的活动集中在四个领域内：(1) 宗教哲学。在《我与你》(1923) 及其续篇《人与人之间》(1947) 中，他系统地阐明了自己的“关系”哲学。其他的主要哲学著述是：《两种类型的信仰》(1950)，《善恶观念》(1952)。(2)《圣经》翻译及有关论著。1925 年，布伯和罗森茨威格一起着手把《圣经》从希伯来文翻成德文，罗森茨威格去世后，由布伯独立进行并完成了这项艰难的工作 (1962)。这方面的论著有：《论圣经及其德文翻译》(1936)。(3) 对哈西德派的研究。哈西德派是 18 世纪中叶在波兰犹太人中出现的宗教神秘主义团体，19 世纪中叶其教徒已占东欧犹太人的半数。该派反对犹太教的正统律法与拉比的无上权威，强调通过狂热的祈祷与虔信（希伯来文 Hasid 意为“虔信者”）与神结合。其教义对于布伯思想的形成关系甚大。他在这一方面的论著主要有：《哈西德派遗事》(1927)、《哈西德派与人的道路》(1958)、《通向乌托邦之路》(1947)。(4) 参与犹太复国运动。

这些表面看来互不相关的活动却有着共同的基础，即他以“我—你”关系为枢机的“相遇”哲学。

布伯的《圣经》译文具有一种相当奇异的风格，文辞晦涩幽眇，奥博艰深。但这并非是故弄玄虚，其间自有一番良苦用心。按照他的说法，《圣经》不是可随便读的，人理当“苦习”它。优秀的译文只能为那些希望进行这种艰苦努力的人服务。翻译乃是勉力探求作者的真精神，是译者（及读者）与作者的对话，以其本心体悟作者的本心，视作者为导师先贤，奉作者为“你”。这是一种超越时空，超越历史的精神“相遇”。其间自然不难觅见狄尔泰对布伯的影响，但此说的根本核心正是他毕生对人类所倾注的热切蕲望——把全部生命投入到与其他在者的相遇之中。

这也可以解释他何以对哈西德派如此推崇备至。在该派教义的启迪下，他意识到宗教不过是人与上帝及先知圣徒的亲切“对话”，其间无须任何由概念体系构成的神学作为中介。沿循这条思路，他打破了宗教之间的隔阂，从《旧约》进入《新约》，潜心聆听耶稣的山训与《约翰福音》的启示，故而他的学说不再被视为犹太教中某一异端的代表，而成了整个基督教世界所珍视的财富（《基督教名著录第二卷 · 我与你》）。

依据其“相遇”哲学，布伯给犹太复国运动注入了全新的精神。最明显的表征是，他把传统的口号“做犹太人”改换为“做犹太人”。他满怀激情地向犹太人呼吁，切不可把阿拉伯人当作仇敌，当作利用、仇杀的对象，要与他们建立相遇关系，让两个民族组成一个国家。意味深长的是，1965 年布伯去世时，阿拉伯学生联盟竟派出了代表团参加他的葬礼，向这位犹太人思想家致哀！

二

《我与你》是布伯最重要的著述。

全书共分为三卷。第一卷旨在挑明世界的二重性与人生的二重性，“你”之世界与“它”之世界的对立，“我—你”人生与“我—它”人生的对立。第二卷讨论“我—你”与“我—它”在人类历史及文化中的呈现。第三卷展示了“永恒之你”即上帝与人的关系。

人置身于二重世界之中，因之他领有两种截然不同的人生。

人筑居于“它”之世界。这意思是：为了自我生存及需要，人必得把他周围的在者——其他人，生灵万物——都当作与“我”相分离的对象，与我相对立的客体，通过对他们的经验而获致关于他们的知识，再假手知识以使其为我所用。只要我执持此种态度，则在者于我便是“它”，世界于我便是“它”之世界。这自然会招致两种后果。首先，与我产生关联的一切在者都沦为了我经验、利用的对象，是我满足我之利益、需要、欲求的工具。布伯将这称之为“我—它”关联。其次，为了实现利用在者的目的，我必得把在者放入时空框架与因果序列中，将其作为物中之一物加以把握。因为，如果我对对象之间的诸种联系及其在时空网络中的位置无所认识，我如何能成功地利用他们？我对在者的态度，取决于我此时此地的需要，取决于他们的具体性状、素质。如此，则在者不过是众“它”中之一“它”，相辅相成的有限有待之物。

人也栖身于“你”之世界。在其间他与在者的“你”相遇，或者说，与作为“你”的在者相遇。此时，在者于我不复为与我相分离的对象。这里包含着两层意思：(1)当我与“你”相遇时，我不再是一经验物、利用物的主体，我不是为了满足我的任何需要，哪怕是最高尚的需要（如所谓“爱的需要”）而与其建立“关系”。因为，“你”便是世界，便是生命，便是神明。我当以我的整个存在，我的全部生命，我的真本自性来接近“你”，称述“你”。(2)当在者以“你”的面目呈现于我，他不复为时空世界中之一物，有限有待之一物。此时，在者的“唯一性之伟力已整个地统摄了我”。“你”即是世界，其外无物存在，“你”无须仰仗他物，无须有待于他物。“你”即是绝对在者，我不可拿“你”与其他在者相比较，我不可冷静地分析“你”，认识“你”，因为这一切都意味着我把“你”置于偶然性的操纵之下。对“我—你”关系而言，一切日常意义的因果必然性皆是偶然性，因为它匮乏超越宿命的先验的根。

下面这个例子或许能传达布伯学说的部分意蕴。当安徒生把一朵绯红的玫瑰奉献给旅店里那位奇丑无比的洗碗碟的小姑娘时（巴乌斯托夫斯基：《金蔷薇·夜行的驿车》），他这样做并非出于屈尊俯就的怜悯之情。一切怜悯都是有待的，有待于他人的美与小姑娘的丑，有待于她地位的卑微，有待于她与其他对象的比较，一句话，有待于命运的偶然。但在这一刹那的“我”与“你”的相遇中，在者之间因偶然性而产生的差异顿然消失，她的丑陋、卑微不过是命运的任意捉弄，而“我”超越时间与宿命与她之“你”相遇。因为，尽管她不过是一有限有待的相对物，她的“你”却是超越这由冷酷无情的因果性所宰制的宇宙的绝对在者。此时此刻，“你”即是统摄万有的世界，而“我”以我全部的生命相遇“你”那备受煎熬、歧视的灵魂，“我”因“你”的每一痛苦，每一欢乐而战栗，“我”的整个存在都沉浸在“你”的绚烂光华中。

然而，在布伯看来，“我”与“你”的相遇，“我—你”之间的纯净关系既超越时间又羁留于时间，它仅是时间长河中永恒的一瞬。人注定要斯守在时间的无限绵延之中。因之，他不能不栖息于“你”之世界，又不可不时时返还“它”之世界，流连往返于“我—你”的唯一性与“我—它”的包容性之间。此种二重性便是人的真实处境。此是人生的悲哀，此也是人生的伟大。因为，尽管人为了生存不得不留存在“它”之世界，但人对“你”的炽烈渴仰又使人不断地反抗它，超越它，正是这种反抗造就了人的精神、道德与艺术，正是它使人成其为人。“人呵，伫立在真理的一切庄严中且聆听这样的昭示：人无‘它’不可生存，但仅靠‘它’则生存者不复为人。”

三

布伯的学说直接针对着西方思想史上两种居于支配地位的价值观，其目的是力图阐释宗教哲学的核心概念——超越——的本真含义，澄清基督教文化的根本精神——爱心。

在《我与你》第二卷的结尾处，布伯把他所反对的两种超越观譬喻为两幅世界图景：其一是用至大无外的永恒宇宙来吞没个人人生，让个体通过把自身的有限性投入到宇宙的无限过程来获得自我超越，实现不朽；其二是用至大无外的“我”来吞没宇宙及其他在者，把居于无垠时间流程中的宇宙当作“我”之自我完成的内容，由此铸成“我”之永恒。

为讨论方便起见，我们姑且把前者称为“自失”之说，把后者称为“自圣”之说。两者皆肇始于人对超越，或者说，对“获救人生”的追求。超越本于人对存在（自身的存在与宇宙的存在）之绝对偶然性与荒诞性的恐惧，对生存意义的反思。这种反思很自然地与某种更高目的相联系，因为，反思本身就意味着人反抗物性生存，它促使人超脱身内卑下的欲求，透破功名利禄的束缚，进抵不为形躯之我所囿的境界。所不同者乃是超越的指向，换句话说，反抗只是从消极方面表明了超越的性质，但超越本身具有何种价值内容，人于何处获得安身立命之所，却仍是悬而未决的问题。由此便产生出“自失”说与“自圣”说之分。

自失说源远流长，它可谓是与人之反思同日而生的一种超越观。在柏拉图的理念论、斯多葛学派的禁欲主义、普洛丁的宇宙论、经院哲学体系、中世纪的神秘主义、黑格尔的宇宙理性中，我们处处皆窥见它的踪迹。为满足人对意义及不朽的渴慕，此学说将人置身于其间的宇宙本身加以圣化、神化，赋它以神妙莫测的动机，宣称在这浩瀚恢宏的宇宙秩序中隐匿着至善至美的目的。当人意识到个体的有限不过是宇宙进程之无限性中的一时一瞬，当人“自失”于此进程，则因人生无常而生的种种痛苦将在这庄严的无限性前自惭其渺小浅俗，自失指引人步入齐万物，等生死的超然灵境。然任何一种类型的自失说都难以避免一些具根本性的毛病。超越要求发端于人对无意义的反抗，但自失说只是断定表面看来无意义的宇宙秩序具有某种神圣的目的性，而对此目的或意义本身的内容却无所说。另一方面，它对道德哲学的影响简直是毁灭性的。如果宇宙的必然进程正是道德境界的展开过程，那么我们即在肯定一切皆是善的，一切皆是合理的。更糟的是，这种学说还暗含着这样一种观念：所有的个体都是宇宙进程实现自身内容的工具，如此，“爱心”便成了毫无意义的呓语。

自圣说把超越的指向寄托在个体之自我完成之上，但它同样不能摆脱自失说的困境。因为，无论人的精神需要何等崇高，距离物欲和私情何等遥远，它终究是我的一种需要。故而断言道德乃是某种需要的实现即是断言道德本为功利。近年来在欧美盛行一时的人本主义心理学特别明显地暴露出这种学说的致命缺陷。例如，弗洛姆为了把以个体之自我完成为核心的人本主义与基督教的自我牺牲精神相调和，便干脆把利他境界也归结成自我实现的必要环节（弗洛姆：《自为的人》第一章）。但是，倘若自我牺牲的终极目的乃是自我满足，则此种牺牲已丧失了其本原性，丧失了其道德绝对性。

布伯在《我与你》第三卷里，把主张宗教超越即是沉入神我一体、天人合一之出神入化状态的神秘主义作为自失说的代表，把断言宇宙万有皆寓于“我”体的大乘佛学作为自圣说的代表。在他看来，前者错把宇宙在时间中的无垠绵延与无穷因果当作了价值论中的不朽，因之，可以说它是从对宇宙之无意义进行反抗开始，却以向后者俯首称臣而告终。自圣说同样没有看破其间的道理。“我”本身不可能领有价值之先验的根，否则我何需反思意义，追求意义。反抗只是超越的起点，而超越的完成只可存在于比我体更高的境界中。自圣说实则是妄图用时间的无垠来充实我体，因此它与自失说同出一辙。

如果价值或超越指向既不在人之外的宇宙中，又不存于主体内，那么它可能栖于何处？此问题可指引我们进入布伯思想最微妙精深之处。他的回答是：价值呈现于关系，呈现于“我”与宇宙中其他在者的关系。关系乃精神性之家。蔽于主客体二元对立的种种学说皆滞留在表面世界、“它”之世界，唯有关系能把人引入崇高的神性世界，唯关系方具有神性，具有先验的根。当《圣经》昭示人要“爱上帝，爱他人”时，人不仅领承了通向神性世界的钥匙，且同时也领略了价值的本真内容。爱非是对象的属性，也非是“我”之情感心绪的流溢，它呈现于关系，在关系中敞亮自身。正是在这里，“我”与“你”同时升华了自己，超越了自己。人于对“它”之世界的反抗中走向超越，人于关系中实现了超越！

* * *

有两点尚须补充说明。

我原打算尽快把该书的续篇《人与人之间》也译出来，以使两书能合并出版，但由于时间关系而未能遂愿。另外。该书的原文典型地体现了诗化哲学的风格，要使原作的神韵在译文里完整地保留下来，译者本身必须具有极高的德汉文修养，对此我确有力不从心之感。

无论是在翻译过程中还是在撰写前言时，我都力求尽可能客观公正地把布伯的思想表达出来。毋庸赘言，他的学说中包含有一些不合时宜的糟粕，我相信读者都具备应有的马克思主义水平，自会细鉴明察的。

陈维纲

1986年3月30日于北京大学

目　　录

卷　一

人执持双重的态度，因之世界于他呈现为双重世界。

人言说双重的原初词，因之他必持双重态度。

原初词是双字而非单字。

其一是“我—你”。

其二是“我—它”。

在后者中，无须改变此原初词本身，便可用“他”和“她”这两者之一来替换“它”。

由此，人之“我”也是双重性的。

因为，原初词“我—你”中之“我”与原初词“我—它”中之“我”迥乎不同。

* * *

这并不是说：在原初词之外有独立存在物，前者只是指云后者；原初词一旦流溢而出便玉成一种存在。

诵出原初词也就诵出了在。

一旦讲出了“你”，“我—你”中之“我”也就随之溢出。

一旦讲出了“它”，“我—它”中之“我”也就随之溢出。

原初词“我—你”只可能随纯全之在而说出。

原初词“我—它”绝不能随纯全之在而说出。

没有孑然独存的“我”，仅有原初词“我—你”中之“我”以及原初词“我—它”中之“我”。

当人言及“我”时，他必定意指二者之一。“我”一经道出，他所意指的那个“我”便即刻显现。同样，当他述及“你”或“它”时，也就讲出了这个或那个原初词中的“我”。

“我”存在即言及“我”。言及“我”即诵出这一或那一原初词。

称述一原初词之时，人便步入它且驻足于其间。

* * *

人生不是及物动词的囚徒。那总需事物为对象的活动并非人生之全部内容。我感觉某物，我知觉某物，我想象某物，我意欲某物，我体味某物，我思想某物——凡此种种绝对构不成人生。

凡此种种皆是“它”之国度的根基。

然则“你”之国度却有迥异的根基。

* * *

凡称述“你”的人都不以事物为对象。因为，有一物则必有他物，“它”与其他的“它”相待，“它”之存在必仰仗他物。而诵出“你”之时，事物、对象皆不复存在。“你”无待无限。言及“你”之人不据有物。他一无所持。然他处于关系之中。

* * *

据说，人感觉到他的世界。此之何谓？人流连于事物之表面而感知它们，他由此抽取出关于它们之性状的消息，获致经验知识。他经验到事物之性质。

但经验不足以向人展示世界。

因为它们向他展现的只是由“它”、“它”、“它”，由“他”、“他”和“她”、“她”以及“它”、“它”拼凑成的世界。

我经验某物。

即使人在“外在”经验上再添加“内在”经验，一切也无所改变。人希求遮掩死之奥赜，故而对经验做出此种一瞬即逝的划分。但内在之物何异于外在之物？除了物仍是物！

我经验某物。

即使人在“公开”经验上再添加“神秘”经验，一切也无所改变。骄矜的理智自以为在事物中瞥见了专为洞烛玄机的它而设的宝库，而它正执有打开这华府的钥匙。啊，没有秘密的秘密！啊，知识的堆砌！它，总是它，它！

* * *

经验者滞留在世界之外。经验“在他之中”，而非位于他和世界之间。

世界超然于经验之上。它容忍人对它产生经验，然则却与其毫无牵连。因为，它绝不染指经验，而经验根本无从企达它。

* * *

经验世界屈从于原初词“我—它”。

原初词“我—你”则创造出关系世界。

* * *

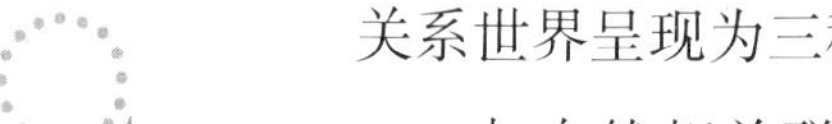

关系世界呈现为三种境界。

——与自然相关联的人生。此关系飘浮在幽冥中，居于语言无法降临的莫测深豁。众多生灵在我们四周游动孳生，但它们无力接近我们，而当我们向其称述“你”时，吐出的语词却被囚禁在语言的门限内。

——与人相关联的人生。这是公开敞亮，具语言之形的关系，在此间我们奉献并领承“你”。

——与精神实体相关联的人生。此为朦胧玄奥但昭彰明朗之关系；此为无可言喻但创生语言之关系。在这里，我们无从聆听到“你”，但可闻听遥远的召唤，我们因此而回答、构建、思虑、行动。我们用全部身心倾述原初词，尽管不能以口舌吐出“你”。

然而我们如何能将不可言传者与原初词“我—你”之世界相沟通？

在每一境界，以不同方式，我们通过浮现于眼前的流变不居者而窥见永恒之“你”的身影；在每一境界，我们皆承吸永恒之

“你”的气息；在每一境界，我们都向永恒之“你”称述“你”。

* * *

我凝视着一株树。

我可以把它看作一幅图像：一束沉滞的光波或是衬有湛蓝、银白色调之背景的点点绿斑。

我可以把它视为运动：密实胶结之木髓上奔流的脉动，根须的吸吮，枝叶的呼吸，与大地天穹的不息交流或者微妙生成本身。

我可以把它当作实例而划归某一类属，以研究它的特殊构造与生命形式。

我可以完全漠视它的实在，它的统一，而仅把它当作规律的表征——或是那些使力量之无休止对抗趋于平衡的规律，或是那些制约元素之融合分离的规律。

我可以把它分解为永驻不易的数，分解为纯粹的数量关系。

在上述的一切情形中，树始终不过是我的对象，它有其空间位置、时间限度、性质特点、形态结构。

但是，我也能够让发自本心的意志和慈悲情怀主宰自己，我凝神观照树，进入物我不分之关系中。此刻，它已不复为“它”，唯一性之伟力已整个地统摄了我。

这并非是指：要进抵此种境界，我必得摈弃一切观察。我无须为见而视而不见；我无须抛弃任何知识。恰好相反，我所观察知悉的一切——图像与运动、种类与实例、规律与数量——此时皆汇融成不可分割的整体。

凡隶属于树的一切，它之形貌结构、物理运动、碧绿翠华、化学变化、它与水火土木的交流，与星辰日月的类通，此刻都聚集入一统一体中。

树并非我的印象、我想象力的驰骋、我心绪的征象。它是我之外真实的存在。它与我休戚相关，正如我与它息息相通，其差别仅在于方式不同。

关系是相互的。切不可因漠视此点而使关系之意义的力量亏蚀消损。

那么，树也有与人相似的意识？对此我一无所知。是否因为你们曾似乎成功地分解过它，现在又欲求将不可分解者再度分解？与我相遇的绝非树之灵魂或精神，而正是不可分割的树本身。

* * *

如果我作为我的“你”而面对人，并向他吐诉原初词“我—你”，此时他不再是物中之一物，不再是由物构成的物。

他不是“他”或“她”，不是与其他的“他”或“她”相待的有限物，不是世界网络中的一点一瞬，不是可被经验、被描述的本质，不是一束有定名的属性，而是无待无垠、纯全无方之“你”，充溢穹苍之“你”。这并非意指：除他而外无物存在。这毋宁是说：万有皆栖居于他的灿烂光华中。

音符构不成旋律，语词凑不成诗句，线条铸不成雕像。要把如此和谐的统一体瓦解为无数碎片，人必施强暴于它们。我对其倾诉“你”之人也同样如此。我固然可从他身上抽取出头发之色泽，言谈之特色，品德之光彩，且当反复为之；但如此一来，他早已不复为“你”。

祈祷不在时间之中，时间却在祈祷之内：牺牲不在空间之中，空间却在牺牲之内。凡颠倒此种关系者必然会毁灭本真的实在。同样，我绝非是在某一时辰、某一处所与我对其称述“你”之人相遇。我固然可以把他置于特定的时空中，且当反复为之，但如此一来，他早已不复为“你”，所余的仅是某个“他”或“她”，也即是“它”。

一旦“你”之天穹鉴临，光耀于我颅顶之上，则因果之疾风将俯伏足下，命运之流转将畏缩不前。

我不能经验到我对其称述“你”之人，原初词之神圣使我和他处于关系之中。但倘若我从中退缩出来，他将再度成为我经验的对象。经验即使“你”疏远者。

被称述“你”之人可能因蔽于经验而无从领会此圣洁关系。即使如此，关系依然存在。因为，“你”超越了“它”所能认识的范围，“它”远不能理喻“你”之伟力、人之不可穷天地。关系并非太虚幻境，这是真实人生唯一的摇篮。

艺术的永恒源泉是：形象惠临人，期望假手于他而成为艺术品。形象非为人心之产物，而是一种呈现，它呈现于人心，要求其奉献创造活力。这一切取决于人之真性活动。倘若人践行此活动，以全部身心对所呈现的形象倾吐原初词，那么创造力将自他沛然溢出，艺术品由此而产生。

真性活动包括牺牲与风险。牺牲意指：供奉在形象之祭坛上的祭品乃是无穷可能性；凡嬉戏于视野中的须臾即逝之物必须尽皆摈除，切不可任其潜入艺术品，惠临者之唯一性要求如此。风险意指：人必得倾其全部生命来称述“你”，献身于此，无所保留。艺术品非为树木人类，绝不会容忍我滞留逍遥于“它”之世界。她是君主，我当竭力侍奉。否则，不是我使她香消玉殒，便是她令我毁灭殆尽。

形象鉴临我。我无从经验她，描述她，而只可实现她。她在与我相遇者之神妙容光中绚灿流辉，比经验世界之一切明澈更为澄明，故而我能观照她。她并非作为“幽邃”事物中之一物，作为虚像幻影而呈现于我，而是我眼前现时的存在。若依据所谓客观性来度量，她的确不是“实存”。但敢问还有何物比她更为实在？把我和她相沟通的乃是真切实在的关系：她影响我，恰如我作用她。

创造即汲取，创作即获致，塑造即昭示。我实现形象之时就是我敞亮她之时。我指引她惠临“它”之世界。所创造的艺术品呈现为一系列可经验、可描述的性质之聚合，因之它为众物中之一物，但它不时向虔诚敏感之观照者展露其本真面目。

* * *

——我们经验到“你”之什么？

——全无。因为“你”不可被经验。

——我们能知悉“你”之什么？

——一切。因为“你”之任何一部分都不可被单称知悉。

* * *

“你”经由神恩与我相遇，而我无从通过寻觅来发现“你”。不过，向“你”倾吐原初词正是我的真性活动，我唯一的真性活动。

“你”与我相遇，我步入与“你”的直接关系里。所以，关系既是被择者又是选择者，既是施动者又是受动者。因为，人之纯全真性活动意味着中止一切有限活动、一切植根于此有限性上的感觉活动；就此而言，它不能不若受动者。

人必以其纯全真性来倾述原初词“我—你”。欲使人生汇融于此真性，决不能依靠我但又决不可脱离我。我实现“我”而接近“你”；在实现“我”的过程中我讲出了“你”。

凡真实的人生皆是相遇。

* * *

与“你”的关系直接无间。没有任何概念体系、天赋良知、梦幻想象横亘在“我”与“你”之间。在这里，甚至记忆也转换了自身，因为它已超越孤立而融入纯全。没有任何目的意图、蕲望欲求、先知预见横亘在“我”与“你”之间。在这里，甚至渴念也转换了自身，因为它已超越梦幻而转入呈现。一切中介皆为阻障。仅在中介坍塌崩毁之处，相遇始会出现。

* * *

在关系的直接性面前，一切间接性皆为无关宏旨之物。即使我之“你”已成为其他“我”之“它”（普遍经验的对象），或者可能因我的真性活动而变成“它”，一切也无所改变。因为，真正的界线虽然摇摆不定，却既不在经验与非经验之间，也不在给予的与非给予的之间，更不在实在世界与价值世界之间；它同时跨越所有这些境界而伫立在“你”与“它”之间，现时与对象之间。

现时并非指我们观念中眼下呈现的“已逝”时间的终点、时光流程里凝固的一瞬，它是真实活泼、沛然充溢的现在。仅在当下、相遇、关系出现之际，现时方才存在；仅当“你”成为当下时，现时方会显现。

原初词“我—它”中之“我”，即未曾与“你”相遇的“我”，为一大堆“内容”所缠绕的“我”，只有过去而无现时。这意思是：当人沉湎于他所经验所利用的物之时，他其实生活在过去里。在他的时间中没有现时。除了对象，他一无所有，而对象滞留于已逝时光。

现时非为转瞬即逝、一掠而过的时辰，它是当下，是常驻；对象非为持续连绵，它是静止、迟滞、中断、僵死、凝固，关系匮乏、现时丧失。

本真的存在伫立在现时中，对象的存在蜷缩在过去里。

* * *

吁请“理念世界”，蕲求它充当凌驾于对立双方之第三者，这也无助于消除前述的本原二重性。因为，我所言及的正是活生生的人，你与我，我们的人生，我们的世界；这里没有所谓孑然独存之自在的“我”，自在的在。对活生生的人而言，真正的界线也把理念世界劈为两半。

确实，有不少沉湎在物之世界、醉心于经验物利用物之人，已替自己在此岸或彼岸构建出理念王国，以便当虚无侵袭之际可在其间寻得慰藉安宁。他们在理念世界的门前脱掉日常人生的鄙俗外套，披上圣洁罩袍，以能瞥见本原之在或必然之在而自鸣得意；但他之人生与其毫无关联。对他来说．甚而宣称自己意欲如此也令他无限欣慰。

此类人所虚设、想象、鼓噪的“它”之人类根本不同于那生机盎然、在其间人们相互称颂“你”的人类。最神圣的虚妄乃为偶像；最高尚的伪善情操即是堕落。理念既不屈居在我们身内，也不君临于我们头上；它们活跃于人之间，亲近人，毗邻人。那不能倾吐原初词之人可悲可怜，然那用枯涩概念称述理念之人更可痛可哀!

* * *

前述的三个实例[①]之一——艺术——业已清楚地表明：直接无

① 三个实例是：树，人，艺术。——译者注（以下注释如非另有说明，皆为译者所加）

间的关系包含有对与我相遇的“你”之作用。作为人真性活动的艺术决定了形式之转化为艺术品的进程，惠临的形式因与人的相遇而充实自身，她由此便莅临物之世界。在此间，她持久地活动，常川地演变成“它”，然同时又满怀喜悦地不断复归为“你”。她“化身为形”，其形体从无时间无空间之“现时”洪流中飘然而下，进抵实存的此岸。

我对人称述“你”，但此种与“你”的关系中所包含的作用却冥蒙难辨。那促成了关系之直接性的人之真性活动，被人们习惯地理解为也即是误解为情感。在爱之形而上学与心理玄学中，情感须臾不离，始终相随，可它们构不成爱。与爱形影不离的感情具有不同种类，耶稣对着魔者[①]所怀的情感有异于他对其钟爱的门徒的挚情，然他施予的却是同样的爱。情感为人所“心怀”，而爱自在地呈现；情感寓于人，但人寓于爱。这非为譬喻，而乃确凿的真理。爱不会依附于“我”，以至于把“你”视作“内容”、“对象”。爱伫立在“我”与“你”之间。凡未曾明谙此理者，凡未曾以其本真自性领悟此理者，不可能懂得爱为何物，即使他把一生中所体味、经历、享有和表达过的感情均归结成爱。爱以其作用弥漫于整个世界。在伫立于爱且从爱向外观照的人之眼目中，他人不再被奔波操劳所缠绕。任何人，无论其善良邪恶，聪慧愚钝，俊美丑陋，皆依次转为真切的实存。就是说，他们挣脱羁绊，站出世界而步入其唯一性，作为“你”而与我相遇。唯一性以其辉煌的方式时时呈现，由此人得以影响、帮助、治疗、教育、抚养、

① 见《马太福音》，第 12 章。——译者注

拯救。爱本为每一“我”对每一“你”的义务。从爱中萌生出任何情感也无从促成的无别，一切施爱者的无别，从最卑微者到最显贵者，从终生蒙承宠爱的幸运儿到这样的受难者——他整个一生都被钉在世界的十字架上，他置生死于度外，跨越了不可逾越之极点：*爱一切人*！

第三表征即是受造物与我们对它的观照。且让此表征的作用隐匿在神秘中。信仰生命之纯朴神奇，信仰对万有的奉伺，然后你方可豁然悟得受造物之期待渴仰，翘首以望此中蕴含的奥义。言语会遮蔽真实的消息。观照吧！你周围沸腾着活泼的生命，无论你趋向何方，处处皆与在者相遇。

关系是相互的。我的“你”作用我，正如我影响他。我的学生铸造我，我的业绩抟塑我。“恶”人在圣洁原初词的轻抚下成为圣徒。孩童、动物授予我们何等高深的教育！不可思议的，我们栖居于万有相互玉成的浩渺人生中。

* * *

——你似乎把爱说成是人与人间唯一仅存的关系。但既然存在恨，你怎么可以把爱当作例证？

——只要爱尚是“失明”，此即是说，只要爱尚未纵观到一纯全之在，则它并未真正进抵关系原初词的疆域。恨之本性就是

“失明”；你只能仇恨一整全在者之局部枝节。瞥见一在者之整全而又不得不舍弃此瞥见的人，已不再滞留在恨之天地，他羁旅于人之欲述“你”而不能的境界。他发现自己无力于向相遇的他人倾吐原初词。他面临两难的困境：讫或是弃绝自身，讫或是牺牲他人。因为，原初词意味着肯定你对其称述“你”之在者。面对此种障碍，“进入关系”承认其相对性，它承认相对性之时也即是它消除障碍之时。

不过，坦诚表露其仇恨之人，比无所爱也无所恨者更接近关系。

* * *

在我们的世界中，每一“你”注定要演变成“它”，此乃我们命运中不堪忍受的怫郁。虽然“你”在直接无间之关系里现时地呈现，一旦关系枯竭或者有中介物渗入其间，“你”即刻沦为对象中之一对象，它或许是其中最珍贵者，但仍隶属于对象，有待有限的对象。在艺术里，一种意义的实现意味着另一意义的丧失。真实的观照转瞬即逝；那原本藏匿在相互玉成的神秘中之自然人生现在又可被描述、割裂、分类，即沦为自然法则之多重体系的汇聚点。甚而爱也不能在直接关系中常驻，她长存不殆，却寄身于现实与潜能之循环交替里。先前是不可替代，无待无限的人类，非为既存者而是现时者的人类，不可被经验只可被充实的人类，现在再度沦为“他”或“她”，一束性质，一具形的量。现在，我又可分辨他头发的色彩，他言辞的色调，他品德的颜色；然一旦如此，他不复为我的“你”，且将永不重为“你”。

世间之每一“你”按其本性注定了要演变成物，或者说注定了要不断返还物境。用客观性语言来说，世间每一在者在其物化之前或物化之后均可以“你”的面貌显现于“我”。但客观性语言至多仅能触及真实人生的边缘。

“它”恒为蛹，“你”永为蝶。只是两者之间不存在泾渭分明的交替，它们交相错杂，扑朔迷离。

* * *

泰初即有关系。

且观察“初民”之语言。他们居于对象匮乏的情况，其人生构建在充溢着现时的狭隘活动范围。其语言细胞乃为句子词与前语法结构（后来划分出的不同词类发端于它们），它们最明显地晓示出关系之整全性。我们说“遥远”，而祖鲁人却用一个词来表述它；其在我们句子形式中的含义是，“那儿有人呼喊‘妈妈，我完了’”。火地人以一个七音节词而遨游在我们之分析理智上，其确切含义是，“他们相互凝视，两者均期待对方主动从事他们欲做又无力于做者”。名词或代词所指称者深嵌在整个境况里，他们仅属浮雕碑刻，尚未完全脱颖而出，自成一体。其关切眷顾的非是分析的结果，思虑的产物，而是本真的原初统一，亲身体悟到的关系。

我们向相逢者问候祝福，对其表示忠诚，愿其与神同在。然则此类陈词滥调是何等的间接疏远！（谁还能从“愿神降福于你！”中感受到它原有的力量交流，哪怕是一星半点儿！）且把它们与卡菲尔人伴随着身体之直接接触的问候相比较，“我瞧

你！”或者，与美洲人离奇但崇高的致意相比较，“嗅我！”

可以设想：名称、观念、对人及物的表象皆肇始于纯粹关系性事件和境况。唤醒“初民”之精神的原始印象、情绪波澜都因关系事件（与在者之相遇）和关系境况（与相遇者之共同生活）而资始。人夜夜皆见素月，但熟视无睹，无所触动，直至它在梦境寤间突然亲临他，以无言之姿令他心荡神移，以精灵摄其魂魄，以轻抚之甜美迷醉他。但这番经历留与他的并非是某种视象，如波的月华或随它而至的精怪。最初，他仅能感受到清月之搅动人心的波荡流溢全身，尔后，他心中才萌生出对酿成此作用的月亮之心象。仅在此时，他对那夜晚潜入他的未知者之记忆方才熠熠生辉，具形赋体，呈现为此作用的造就者。记忆由此使未知者嬗变为对象，使本不可被经验而只能被感受之“你”转成“他”或“她”。

每一本质现象皆具备此种长存不殆之元始关系特点，它使我们更易领会原始社会的精神要素，当今世界对此要素的研究探讨不一而足，但均未得其要义。我这里所意指的是神妙难喻的力量，在许多原始民族之信仰或知识（二者实为一体）中都可追溯到有关它的观念，当然有种种变化。它作为 Mana 或 Orenda[①] 且以其本真面目进入婆罗门教，尔后又演变成古写本[②] 与《使徒书》中之“活力”与“神恩”。它乃超感觉、超自然之伟力，不过，此类描述植根于我们的范畴框架，初民并无这些概念。初民之世界以他身体经验为限，对于他，“死者”之光临极为“自然”，把超验

① 两者皆指原始民族所信奉的超自然的“神力”。——译者注

② 原文为 Zauberpapyri，这是指古代写在莎草纸上的文稿。——译者注

之物奉为实在，这于他实在是荒谬之至。他用来描说“神秘之力”之现象皆属基本的关系事件，即触动其身躯，激动其灵魂的事件。寂夜来访之月魄及死者便具有此力量。燃烧的太阳，嗥嚎的野兽，以目光宰制他的酋长，用咒语赋畀他行猎力量的巫师，他们无不具备此伟力。这功效无穷之力便是 Mana，正是它把九天之月变成令我热血沸腾的“你”。在扰动人心之浑然印象中，对象心象渐次脱颖而出，此时，此伟力便化着记忆而留下足迹，作为此作用的造就者呈现于人心，人因领有它（或是凭借某种神石而获致它）而功业昭彰。初民之“世界图景”神秘玄奥，但其原因非在于它以神秘之力为枢机，而在于人自身之力量是此神秘之力的变体、枝叶。人一切卓有成效之活动皆渊源于这博大宏力。在此“世界图景”中，因果性非为无限连绵的链条，相反地，它仅是伟力不断闪烁，是伟力站出来玉成万有之活动，宛若生息莫测之火山喷发。Mana 是原始的抽象，或许比数更古老，但并不比它更具超自然性。由此而萌生的回忆把庄严的关系事件，把本原的情感波澜依次排列。在此序列中，“作用万有者”乃是人自我保存本能视为最紧要者，人寻知本能视为最彰明较著者，它卓然屹立，最具伟力。其次有非公共者，即个人体验中之“你”，它退居在人之回忆中，孑然孤立，渐渐转化成对象，逐步被纳入种与类中。最后，“你”之恒定不易的对峙者——“我”——也显现于序列里，它狰狞诡异，其可怖超乎亡灵，其阴惨甚于冷月，然它却必得益发清晰地呈现。

较之其他本能，自我保存本能与自“我”意识并无更直接的关联。那企求自我炫耀的非是“我”本身，而是尚未知悉“我”的身躯；那切望造作物品、工具或玩偶且以“造物者”自居者非

是“我”本身，而是“我”的身躯。在求知之原初性中不可能觅见“我思故我在”，其间根本不存在哪怕是最原始素朴的主体观念。仅当原初词“我—影响—你”与“你—作用—我”分崩离析之时，仅当“影响”、“作用”皆沦为对象之时，“我”才脱离元始体验，步出无限本原的原初词，成为一独立实体。

* * *

初民之精神发展史揭示了两大原初词之根本差异。早在最初的关系事件中他已诵出“我—你”，且其方式天然无矫，先在于任何语言形式，此即是说，先在于对“我”之自我意识。与此相反，仅在人把自身认作“我”时，此即是说，仅在“我”自“我—你”中分离而出之时，“我—它”方可被称述。

原初词“我—你”可被消解成“我”与“你”，然则“我”与“你”之机械组合并不能构成“我—你”，因为“我—你”本质上先在于“我”。而“我—它”却发端于“我”与“它”之组合，因为“它”本性上后在于“我”。

原初之关系事件具唯一性，因此“我”必栖居在其间。就是说，依照关系之本性，仅有两者，即人以及与人相遇者能以其完满实在性伫立于关系中。世界在关系中呈现为二元体系，当此之时，人虽未以“我”自居，却早已意识到“我”之彻宇无涯的悲哀。

“我”此时尚未被纳入自然实在之事件。自然实在之事件进入原初词“我—它”，由此而成为与“我”产生关联之经验。此事件意味着人之躯体与周围世界相分离，因为人体已成为众感觉的承担者。躯体认识到自身的特殊性，且把自身分解为此类特性，但此分解只是纯粹机械地解剖，因而无从揭示“我”特有的领域、状态。

一旦“我”走出原初关系，自成一体，它即刻也参与躯体脱离周围世界之自然实在的过程，由此激活了在其间“我”自由驰骋的天地。“我”此时变得无比脆弱，龟缩成单纯的功能活动。仅在这一时辰，“我”之意识活动方才出现，此活动便是原初词“我—它”的第一存在形式，是其与“我”产生关联的第一形式。这走出来的“我”宣称自己乃是感觉的承担者，而周围世界仅是感觉对象。当然，凡此一切皆以“原始”的而非“认识论”的形式发生。然而，只要人说出“我见到树”，则他已不可能再称述人（“我”）与树（“你”）之关系，其所建立的乃是人之意识对作为对象之树的知觉，其所构筑的乃是主体与客体之间的鸿沟。原初词“我—它”，这分离之辞，隔阂之辞，业已被讲述出来。

* * *

——那么，我们命运之凄凉沉郁肇始于泰初之时？

——确乎如此。此即是说，就人之意识生活产生于泰初而言。然意识生活意味着普遍存在之人化。精神在时间流变里显现为自然界之产物，甚而可谓是副产物，但自然本身却永恒伫立在精神之中。

不同时代，不同世界赋予两大原初词之对立以不同名称，但它却以无可名状之真实而蕴含在创造中。

* * *

——那么，你坚信人类初期曾有天堂？

——无可置疑！纵使天堂犹如地狱（我在历史的沉思中所返还的那一时代肯定充斥着狂暴强横，伤悲大痛，苦难折磨，野蛮愚昧）。

洪荒之时，人之关系经历决非一帆风顺，舒适惬意，然则他宁可遭受威逼生存的强暴而耻于为无穷琐事常戚！前者开辟通往天主之长衢，后者掘下直抵虚无之深壑。

* * *

对于探求两大原初词时代的景况，初民仅能提供浮光掠影的消息。因为，即使我们能完全接近他们的生活，其也仅可寓言性地提示早期人类真实的人生。而从孩童身上，我们可获致更完满的情况。

我们已洞若观火地瞥见：原初词之精神实在产生于自然实在。“我—你”源于自然的融合，“我—它”源于自然的分离。

母腹中婴儿之人生乃是纯粹自然之相融，身体朝夕相接，生命相互奔流。婴儿的生命地平线形成之时，其似乎奇妙地伫立于又脱离于承负它的母亲之生命地平线，因为他并非仅只栖息于她的子宫内。此相融深蕴着宇宙性。“人于母体洞悉宇宙，人离母体忘却宇宙”，这条犹太教神秘格言可谓是对远古铭文冥蒙的诠释。此融合化身为幽潜之渴念而隐匿于人心。有人把精神与理智混为一谈，将其视为自然之附庸，但它实则是自然最绚丽的芳卉（尽管它极易遭受种种疾患的摧残）；在此类人眼中，这种渴念不过意味着人蕲求回归，但它实则是人仰慕宇宙汇融，希望勃发为精神之今生与其本真的“你”相融。

如同一切将降临斯世的生命，每一孺子皆栖居在宏大母亲之子宫内，寄身于无形无相，浑然一统的原初世界中。一旦脱离她之躯体，我们便相互分离，奔入各自的人生，仅在夜阑之时方可挣脱种种羁绊而重趋近她；正常人夜复一夜不断经历此过程。不过，此分离非若人脱离生母那样如此突然，如此暴烈；婴儿被赐畀了充足的时间，以便他得以用与世界的精神融合（即关系）来替代他逐渐丧失了的自然融合。他步出混沌之绚烂黑暗，进入创造之冷寂光明。然他尚未领有它；他必得将其抽取出来，他必得把它构筑成他的实在，他必得瞥见、聆听、触摸、塑造它，由此而觅得自己的世界。创造在相遇中展现其形象性。它不会沉溺于无为等待之感觉，而是奋然飞升，与急欲探求之感觉相逢。人仅可凭借积极辛劳的活动去期待并赢得日常对象，即活跃于发展成熟的人周围的对象。因为，没有任何事物本是现成的经验，它必在与相遇者之交互作用中呈示自身。和初民一样，孩童生活于梦复一梦（即使在苏醒时，他大部分时间也沉醉于梦幻里）、生活于投光与反光中。

我们早已在最古老朦胧的阶段里瞥见建立关系之努力的本原性。在人能知觉分离独存的事物前，他怯生的目光投向混沌莫名

之空，无名无相之境；当人不存饥渴之忧时，其双手必会微妙莫测地伸入虚空，似乎是无所意欲地寻求与无可名状者相遇。倘若乐意，你当然可称此为动物性活动，但如此则一无所获。因为，正是不断努力之瞥最终能滞留在红色地毯上，长驻不移，直至红形之魂对瞥显露自身；正是动最终将获致玩具熊清晰分明的形象，由此，对象之全形真体内化于人，生动活泼，铭刻在心。此灵魂、形象非为关于对象的经验，而为孩童与生机盎然的相遇者之交流，但仅是“想象”交流（“想象”不是“赋万有以魂灵”，它乃是令万有皆成“你”的本性，是赋界万有以关系的本性，是以自身之充实而玉成活泼行动的本性。它不是把生机盎然之相遇者，而是把相遇者之纯形象或象征交给人）。微弱暗哑，支离破碎，毫无意义的声响不竭地穿越太虚，但终有一日，它们将汇融成对话；或许，这是由细火文煨而成，但难道这竟会减损其作为对话之光辉？无数被称为反射活动的行为便是人构造世界的利镘。孩童并非首先知觉到对象，尔后建立与它的关系；相反倒是，建立关系之努力率先出现。孩童之手形成拱穹，以让相遇者安卧其下，其后而生的便是关系，即先于任何语词的无言地言说“你”。仅当元始体验分崩离析，相融之双方各成一体之时，“物化”及“我化”方才出现。泰初即有关系。它为存在之范畴，欣然之作为，领悟之形式，灵魂之原本；它乃关系之先验的根，它乃先天之“你”。

先天之“你”实现于与相遇者之亲身体验的关系中。人可在相遇者身上发现“你”，可在唯一性中把握“你”，最后，可用原初词称述“你”。这一切均筑基在关系之先验的根上。

在蕲求相近之天性（首先是触摸，尔后是凝视另一在者）中，先天之“你”立即展露其全部伟力，由此，相近之天性日渐明晰地敞亮其“相互”、“温柔”之意蕴。先天之“你”也支配着“创造”天性（即以综合之方式，或者，若不能如此，以分析、分解之方式构造事物的天性），这样，便出现了被创造者的“人格化”，这样，便产生了“对话”。对“你”之日增愈烈的“渴念”，此渴念的满足或落空，不竭的尝试以及对自己之束手无策的悲剧性意识，凡此一切皆不可避免地渗透入孩童的灵魂发展进程中。我们必得时时牢记：此现象渊源于浑然一体、无形无相的原初世界。因为，降临世界然尚未成为自体的及实在的存在之个人必须从它领承充实的在，通过它而进入关系，由它而逐步发展自身。

* * *

人通过“你”而成为“我”。相遇者来去不安，关系事件时而层见叠出，时而烟消云散。在此动荡变幻中，对恒定一方之意识，即自“我”意识渐次增强，愈益清晰。当然，此时之“我”尚囿于与“你”的关系网络里，但欲成为“你”之征象已明显出现，只是还不能如愿。不过，“我”之力量不断膨胀，直至一切羁绊皆断裂破碎；当此之时，“我”与我自身面面相对，似乎“我”之自身已与“我”相分裂而转成“你”。“我”即刻占有自身，从此，“我”执持自我意识而跨入关系。

仅在这一时辰，另一原初词方才形成。从此，关系中之“你”日渐消退，然它尚未成为某个“我”之“它”，成为匮乏本真融合之知觉与经验的对象，这种情形在尔后才会出现。眼下，它乃是自为的“它”，它仍默默无闻，但正蓄力以待，准备跨入新的关系事件。与此同时，人发育整全之躯体也从周围世界分离而出，承负感觉经验，担载本能冲动。但此分离尚属“各—居—其—所”之并列，非为“我”与对象之截然对立。然而。自成一体之“我”在此时业已呈现，“我”自充盈圆全中退缩而出，成为一功能体，即经验物、利用物之主体。“我”趋近一切自为之“它”，捕获它们，占有它们，与它们组成原初词“我—它”。已具“我性”之人，称述“我—它”之人与事物对峙，但这已不复为在相互作用之洪流中的相遇。此时，他将其对象化、有序化，或俯首以放大镜细察明观，或仰首用望远镜远眺遥视。他冷静分析事件，对其唯一性无所感触；他漠然综合事物，毫无万有一体之情怀。因为，仅在关系中人方可感悟万有之唯一性，仅在唯一性感悟中人方可怀具万有一体之心胸。此刻，他第一次把事物经验成性质之聚合。每一关系性体验后，隶属于“你”之性质便留存在人的记忆里，然只是到此时，事物于他才呈现为由实在性质所构成者。“你”之中本有众多性质之核心、基质，而人根据其对关系的回忆，依照每个人之梦想性、形象性或思考性之不同性格，将此基质充实、扩大。此刻，他也第一次把事物塞入时空—因果网络，使其各居其位，各循其途，各具其可测度性及特定本性。

“你”确乎呈现于空间，但这乃是相遇者之唯一性空间，其余的一切皆属它之背景陪衬，它们决不能限制它、规定它；“你”确乎出现于时间，但这乃是自我实现之时间，它非为一川流不息之进程中的环节，而是人亲身体验的瞬时片刻，此时刻之纯净强烈的维度仅可由它自己予以规定。同时，“你”也显现为施动者与受动者，但它并非受制于因果链条，在关系事件中，它始终伫立在与我之相互作用里。只有“它”能被有序化，此乃人类世界最根本之真理。仅当事物由我们之“你”转成我们之“它”之时，它们方可被排列组合。“你”不知何谓刻板有序的系统。

我们既已深入到此种境界，则不可不澄清人类世界之根本真理的另一方面。没有它，世界将变成毫无用处的断壁残垣。换言之，有序世界非为世界秩序[1]。在幽寂玄奥之时辰，世界秩序敞亮现时，昭示其真貌。音符之流飘浮于太虚，世界秩序即是其悄声无息的乐谱。幽寂时辰旋踵即逝，倏忽而去；从它们不可获致确切内容，然则它们的伟力贯穿人之创造、人之领悟，其力量的光潮涌入有序世界，一次次把它瓦解消融。此显现于个人历史，此显现于人类历史。

* * *

人执持双重态度，故而世界于他呈现为双重世界。

他知觉周围之存在——事物及作为事物之在者；他知觉周围之发生——事件及作为事件之活动。性质构成事物，瞬时组成事件；事物进入空间框架，事件居于时间网络。事物与事件以其他事物与事件为限，用它们作尺规，与它们相比较。这是秩序井然之世界，这是离异分化之世界。它妥实可靠，密结稳固，延续连绵，它向人敞开户牖，任人反复攫取其内容。它闭目则去，睁眼

① 原文为：Geordnete Welt ist nicht die Weltordnung。——译者注

即来。它永驻身侧，邻接你之肌肤，倘若你愿作如是观；它长存身内，栖于你之灵魂，倘若你有此意愿。它乃你之对象，而且，如果你乐意，它将永复如此，始终为你的路人过客，或寓于心内或立于身侧。你知觉它，视它作“真理”，它无所抱怨，任你所为，然则它非为你之奴仆。只有言及它，你方可被他人“理解”；它乐于充当你们所有人的共同对象，任其趋近每个人之方式却各不相同。你绝不可能在它之中与他人相遇。没有世界，你不可能生，因为它之妥靠庇护着你的生存；然一旦死在世界，你将葬身于虚无。

存在与生成作为相遇者与人相遇。唯有一种在，每一物皆是在；所存在者在事件之发生中向人显露自身，所发生者又作为存在降临于人。除了这唯一的在，无物当下存在，但唯一的在蕴含整个世界。尺规与比较业已消失，但不可测度者能在何种程度上转成实在却完全取决于你。相遇断然不会排列组合而构成世界，但每一相遇皆是世界秩序之表征。相遇断然不会相互勾连，但每一相遇将玉成你与世界之关联。以此种面貌呈现于你的世界不再是恒定妥靠的，因为她时时更新，因为你不可用语言系执她。她无所稳固，因为在其间万有相互汇融；她无所连绵，因为她不招自来，苦留偏去。她超越人的观察审度，一旦你意欲如此，她即刻瓦解冰消。她惠临，她为把你带出而惠临；如果她无法接近你，相遇你，她会倏然消退，然将改颜换貌而再度降临。她不在你之外，而是沸腾于你之底蕴奥枢。假若你称其为“我魂之魂”，这绝非言之过甚。然而，你须倍加小心，切不可企求移她于你之灵魂内，否则，你只会使她玉殒。她乃你之现时，你进入她而后领承

现时。你可把她视作对象，经验她，利用她，但当你践行此举时，现时已灰飞烟灭，荡然无存。在你与她之间有相互食馈赠：你向她称述“你”，把全部存在投入她；她对你诵出“你”，向你奉献自身。言及她时，无人可理解你。普天之下唯有她与你。不过，她会教诲你如何与他人相遇，且在相遇中助你佑你。她之惠临赋界你圣洁光辉，她之离去留予你庄严伤悲，此光辉与伤悲将你引向“你”。在“你”之中，关系之经纬交相织连，关系之平行线欣然相会。她无力维系你之生存，她仅能助你瞥见永恒。

* * *

“它”之世界龟缩于时空网络。

“你”之世界超越于时空网络。

当关系事件走完它的旅程，个别之“你”必将转成“它”。

个别之“它”因为步入关系事件而能够成为“你”。

这便是“它”之世界之两大特权。它们促使人把“它”之世界看作这样的世界：他必得生存于其间，他仅能生存于其间；在这里，他领有各种刺激兴奋，在这里，他可展开活动，获致知识。在“它”之世界的恒定不易，实惠有益之漫长历史中，“你”之瞬时片刻乃是神妙离奇，缥缈虚无之诗意插曲，柔媚妖娆，荡人心腑，诱人走向危机四伏之极端，致使稳若磐石的秩序动荡毁圮。它们留下的非为满意答案，而是无穷疑难。它们扰乱安宁，引来事端，令人生怖，实为累赘。既然我们必得离弃它们而回归“世界”，为何不干脆滞留于“世界”？为何不可把相遇者纳入秩序规范，将其塞入对象世界？有时，人除了对其父亲、妻室、丈夫称述“你”之外别无抉择，然为何不可口诵“你”而心谓“它”？用口舌吐出“你”远非是称诵那可怖之原初词；尚且，我不妨柔情蜜意地对灵魂低述“你”，只要我真正意谓的乃是经验、利用，这对我又有何损伤？

人不能生存于纯粹现时，因为，一旦现时奔腾而出，一泻千里，人生将即刻消耗殆尽。但人却能生存于纯粹过去，因为仅在此间他可构筑生命。只要人用经验，利用来填塞每一瞬时，它便会停止燃烧。

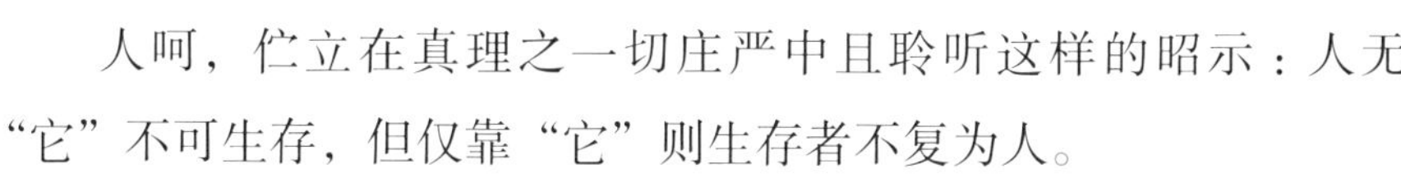

人呵，伫立在真理之一切庄严中且聆听这样的昭示：人无“它”不可生存，但仅靠“它”则生存者不复为人。

卷　二

个人历史与人类历史之间有种种差异，然两者在有一点上却完全一致——它们均标志着“它”之世界的伸延扩张。

有争议的乃是对人类历史的看法。有人以为，此起彼伏的文化类型皆发端于形态各异但结构相似的原始状态，因而都以一窄小对象世界而资始，所以，与个人人生相类似的非是人类人生，而是一特定文化之人生。然而，文化类型表面上固然相互独立，但它们在其发展历程的某一阶段总要承受其他先在文化的历史影响，“它”之世界由此渗透入每一文化。此阶段不必是某一文化产生的初期，但它肯定存在于它鼎盛时期之前。它可能直接承受同时代之异文化，如希腊人接受埃及世界；它可能间接承袭已成历史陈迹的异文化，如基督教文明接受希腊世界。这样，各文化不仅通过其自身的经验，也通过汲取他文化之经验而扩展其“它”之世界。唯有如此而成长起来的文化方能在不断开拓、不断发现的迅疾扩张中实现自身（眼下，我们暂不考虑“你”之世界的体验、活动对文化发展的无与伦比的作用）。如此，则一种文化的对象世界必较之其先在文化的对象世界更宽广繁芜。尽管历史进程中有种种停滞，有明显倒退，但我们于其间可清楚见到“它”之世界的持续扩展。一文化的“世界观”具有穷性还是具无穷性，

更确切地说，具有限性还是具无限性，这完全无关宏旨，因为，“有穷”世界可能比“无穷”世界包含更多内容、事物、过程。尚且，可资比较的不仅是自然知识的广度，我们还必须把社会分化的程度与技术发展的水平考虑在内。因为，对象世界之扩张必然是经由这两大领域而实现。

经验与功用造就人与“它”之世界的基本关系。经验不断重构世界，利用把世界引入多样目的，即哺育、赈济、配置人生。随着“它”之世界的扩展，人之经验能力与利用能力也持续增长。人越来越多地获致这样的能力：以“学习知识”这一间接手段来取代直接经验，把对“它”之世界的直接“利用”简化为专业性“利用”。人不得不一代代将此种能力传递下去，所谓精神生活之发展首先就是指此而言的。正因为如此，人对精神犯下了真正的“言罪”，因为这种意义的精神生活实为阻障，它使人无力于长驻在精神之中；在最好的情况下，它为精神所主宰，充当构筑精神生活的质料。

此能力乃是阻障，因为经验物、利用物之能力的传授通常以减损关系伟力为代价，而人仅能凭借关系力量方可生存于精神。

* * *

展现在人的精神便是人对“你”的响应回答。人以多种口舌言说：语言之舌、艺术之舌、行动之舌，但精神始终如一。“你”呈现于神秘，自神秘中向人呼唤，而精神即是响应。精神即语言。言语首先言说于人心，继而振响于人的喉舌，然则此两者皆属本真进程的折射。因为，并非语言寓于人，而是人栖居于语言，人站在语言当中向外言说。每一言语皆是如此，每一精神皆是如此。精神不在“我”之中，它伫立于“我”与“你”之间。它非是循环于你之体内的血液，而是你时时承仰呼吸的空气。人若生存于精神中，则他必响应“你”；人若响应“你”，则他必把其全部存在都投入关系，因为人只能凭借关系伟力而筑居于精神。

但关系进程不可避免地要向高处延伸。人之回答越有力，它对“你”的系执便越紧，“你”越是被牢牢地囚禁于对象之中。仅有对“你”的沉默，一切口舌之沉默，只有无形无体、无声无息、浑然莫辨之言语，即无言之期待，方可使“你”解脱一切束缚。由此，人与“你”共居于欲言不语中，其间精神无须中介，其间就是精神。一切回答都把精神幽闭在“它”之世界，这即是人的伤悲，这即是人的伟大。因为，由此方会产生人之寻知求悟，创造业绩，符号象征。

那已蜕变成“它”者，那已龟缩为物中之一物者，又被注入这样的意蕴，赋予这样的使命．它必得不断返还自体。当精神与人相接，在人身上化育出对“你”的响应之后，沦为对象者必得反复地自我焚熔入现时，回归自体，让人当下地将其观照、体验，这即是精神要素中所蕴含的奥谛。

精神的此种意蕴、使命却因人之阻挠而无从实现。人满足于把“它”之世界当作经验对象，利用对象。他不是把囚禁于“它”者解放出来，反而去压抑它，窒息它；他不是满腔热情地观照它，反而是冷静地观察它，分析它；他不是虔心承接它，反而是竭力利用它。

人观照与他相遇者，相遇者向观照者敞亮其存在，这就是认识。确实，人不能不把他所当下观照者当作对象来把握，将它纳入对象序列，对它进行对象性的描述与分解，因为，它仅有作为“它”方可进入认识。然在观照中，它不再为物中之一物，事态中之一事，而是唯一无二的现时。人不可在事后从现象中抽象出来的规律中而只可在现象本身中分享存在。人于殊相中，于相遇者中观照事态，而普遍思想却把纷繁多彩的事态抽象化、有序化，将其纳入概念认识的“它”之框架。唯有使事态挣脱概念之羁绊且再度当下地观照它者，才可实现认识活动的意义，才可进行人真实活泼的认识活动。不过，认识也可以这样的方式而达到：人们断言，事情就是如此这般，此物应有如此这般的称谓，它如此这般地产生，隶属于如此这般的范围；他们任已沦为“它”者仍滞留于“它”，把它当作“它”而经验，利用，以便“认知”世界而后“征服”世界。

艺术也同样如此。艺术家观照相遇者，形象在观照中敞亮自身，艺术家将其幽闭于“结构”。但结构存在于人的大千世界而非神的世界，即使人并未瞥见它，它仍在此间，休眠于此世。一位中国诗人曾有过这样一番经历：人们不愿聆听他用玉笛奏出的妙乐，于是他转向神明，但神却拒绝了他的盛情，因为人也能听闻此曲。无可奈何，诗人只好返还与结构有不解之缘的人类。旋律虔心渐求与人相遇，企望人能在瞬间永恒中打破结构牢笼，洞悉形象自体。人到来了，但他只是经验他所能经验的：它如此这般的构成，它表达了如此这般的东西，它具有如此这般的性质，它由此而居于如此这般的地位。

这并非意指：科学理性与审美理性乃是不必要的；这只是说，它们效忠于囊括一切理性的关系真理，从属于超理性的业绩。

再有，人的纯粹活动，人的无意欲行动超乎于认识精神与艺术精神之上，因为有限具体的个人在这里无须依附恒久的质料，他自身就是比任何质料更为久长的结构；言说之洪亮音乐在他周围振响，生机勃勃，直抵精神的灿烂星空。在此间，“你”在幽深奥赜中呈现于人，于玄秘之境向人呼唤，而人以其整个人生报以回答。在此间，语言时时化为人生，此人生既实现法则又破除法则（为使精神在世间长存不殆，两者均必不可少），这即是教育。教育的目的非是告知后人存在什么或必会存在什么，而是晓喻他们如何让精神充盈人生，如何与“你”相遇。此即是说，要随时准备为人而转成“你”，向他们敞开“你”之世界；不，不只是准备，要反复不断地亲近他们、打动他们。然而，人们却不愿也无力践行这敞开世界的活泼交流，他们为见闻学识所蔽，把人格囚禁于历史，把他的话语变成僵死的文字；同样，他们把法则的实现或者破除也程式化，律令化，无节制地顶礼膜拜，建树偶像，并掺杂以繁芜的心理学论据以适应现代人的胃口。啊，黑暗中若惨淡孤星的寂寞圣容！啊，多情手指却触及麻木额角！啊，逐渐消失的足音！

* * *

经验、利用的功能滋蔓增长，人的关系力量便衰退减弱。

那视精神为享乐手段的人会如何对待他四周的在者呢？

分离原初词把“我”与“它”截然分割，置身于它之庇护下的人把自己与他人的人生也截然划分为两大领域：社会制度与个人情感，或者，“它”之国度与“我”之国度。

社会制度乃是“外在的”，人于其间追逐种种目标，他们奔波操劳，协商谈判，施加影响，较量竞争，组织管理，经营实业，出仕从政，传教布道。这是大体上井然有序且较为和谐的系统，由于人以其头脑四肢参与其间，事件之进程得以实现。

个人情感乃是“内在的”，人于其间栖居，摆脱社会制度的束缚。在这里，情绪之光波跳动闪烁，令人眼花缭乱；在这里，人享受爱与恨，欢乐与痛苦（如果后者不致过分强烈），他怡然自得，躺在安乐椅上舒臂展体。

制度是熙熙攘攘的市场，情感是千变万化的居室。

不过，两者之间的界限时常遭受侵犯，放荡不拘的情感不时闯入讲求实际的社会制度，但后者总能凭借统一之善良意志而复原自身。

最棘手的乃是划分出所谓私人人生的不同领域。譬如，你很难明确划定婚姻的界限，不过这毕竟是可能做到的。而在所谓公共人生中却可进行完美的划分。且让我们考察一下各政党以及自命为超党派的团体的竞选之年，一方面有种种“运动”，喧声震天的各色会议，一方面有脚踏实地（或若机械刻板运行，或若有机体散乱滋生）的实业活动，二者泾渭分明。

社会制度之孤立的“它”本是无灵魂的泥偶，个人情感之孤立的“我”只是漂泊不定的灵魂之鸟。两者皆不知人为何物，前者仅识实例，后者仅晓“对象”；两者皆不知现时为何物，前者，哪怕是最现代化的制度，也只知无生命的过去，僵死的存在，后者，哪怕是最炽烈持久的情感，也只晓转瞬即逝的一刹，尚未存在之在。两者都不能接近真实人生。制度无力抟塑公共人生，情感无力造就私人人生。

越来越多的人觉察到，越来越多的人日益悲哀地意识到，社会制度并不能造就公共人生，21 世纪的寻觅求索以此为起点。但仅有为数寥寥者能认识到情感无从化育私人人生。私人人生的大部分内容都浸润在情感中，而一旦你如现代人那样学会了完全沉溺于自身的感情，那么，即使你痛感到情感之虚无缥缈而深怀绝望，这也不会启迪你重辟更好的路径，因为绝望本身也是一种引人入胜的感情。

社会制度不能造就公共人生，为此而沮丧不堪的人们便找到这样的出路：用情感来消解，融化或冲破制度，引入“情感自由”，由此赋予制度以新生。他们主张：既然机械的国家只能把禀性迥异的人们勉强凑合在一起，既未建立也不能促成公共人生，那么它必须被博爱社团所取代；而仅当人出于其沛然的自由情怀而要求与他人相依为生时，此种团体方会产生。然而事实并非如此。真正的团体不可能发端于人相互依赖的情感（尽管它不能脱离这种情感），它之存在取决于两种条件：首先，人们必得建立与生机盎然的“中心”的生机盎然的相遇关系；其次，他们必得建立相互之间的相遇关系。后者植根于前者，但前者之存在无须依附后者。生机盎然的相遇关系包容情感，但它并非渊源于情感。博爱团体筑基于相遇关系之上，但它的建筑师却是充溢生命活力的“中心”。

同样，私人人生制度也不可能单凭自由情感而更新自身（尽管它不可脱离它们）。例如，仅当男女双方各自向对方敞开“你”之时，真正的婚姻始会产生，除此而外的任何东西都无法赋予婚姻以生命。“你”并非是双方中任何一方之“我”，“你”正是据此而玉成婚姻。这即是爱的形而上学，爱的灵魂学，而爱的挚情仅是它附带的产物。凡企求从其他途径而更新婚姻者与欲求毁弃婚姻者无本质区别，因为两者都表明自己丧失了对爱情的本真领悟。性学探讨在21世纪风行一时，长篇累牍，汗牛充栋，在其间“我”之利益统摄一切。对方于我非是现时存在，对方根本未作为现时进入我心，爱不过意味着利用对方来尽情满足“我”。这即是性学家们所鼓噪的一切，除此而外，凡此种种的性学还有何内容?

本真的公共人生与本真的私人人生乃是和谐协调的两种构成，它们之存在与延续必求助于情感（不断变化的内容），必诉诸制度（恒定不移的形式），然则情感与制度皆不能铸成人生，能完成此伟业者仅有第三者——“你”之统摄万有的现时，更确切地说，人于现时中所领承的“你”，作为万有中心的“你”。

* * *

原初词“我—它”非是邪恶，恰如物质非为邪恶。但两者均狂妄地以存在自居，因而在此意义上乃是罪孽。倘若人听凭它们宰制其自我，则无限扩张的“它”之世界将吞没他，他之“我”将荡然无存，直至梦魇抓获他，直至恶魔潜入他，在其间喃喃低语其永不可获救的宿命。

* * *

——难道现代人之公共人生除了沉沦于“它”之世界之外尚有其他抉择？此种人生的两大构成——经济与国家——目前势力雄厚，结构完美，它们的基础就是对一切“直接性”的巧妙否定，对一切异己的“外在”法庭的断然排斥。难道我们竟能想象它们可以建立在其他什么基础之上？正是由于经验物、利用物之“我”在此间君临一切，正是由于“我”利用着经验财富与成就，利用着政治角逐与舆论，政治及经济领域内才产生出数量如此庞大的“客观”产物，才产生出根深蒂固的社会结构。既然如此，难道我们不应对“我”之无上权威而深怀感恩之情？确实，政治领袖与实业界领袖都把与其共创业绩的人们视为劳动工具而非“你”，他们本身的任务就是善于发现这些劳动工具的特殊能力以供自己驱使。但倘若情况不是如此，他们怎么可能创造出流芳百世的伟大业绩？如果他们不把“它”强施于“他”，“他”，“他”，反而致力于促成“你”，“你”，“你”，增益那除了“你”之外不能成就其他任何东西的“你”，那么他们的世界岂不会坍塌倾覆？这难道不是用外行人的浅薄无知来取代内行人的练达管理，用浑浑噩噩的狂信来取代辉煌灿烂的理性？当我们的目光从领袖转向芸芸众生，难道我们没有发现现代的工作与占有方式几乎已把相遇人生与相遇关系之任何痕迹荡涤干净？想要扭转这一发展趋势乃是荒谬已极，而一旦这种荒唐竟转成现实，则现代文明之庞大精确的机器将会崩溃毁圮，但正是这架机器使数目不断剧增的人类得以维持生存。

——讲演人，你之演说为时已晚。先前你尚有理由坚信这番话中包含真理，但现在已时过境迁。因为，你和我一样，刚才已清楚瞥见国家中群龙无首的混乱局面。伙夫们蜂拥在煤堆上，但司机只是虚有其表地控制着发疯般胡乱运转的机器。在此刻，就在你滔滔不绝之时，你如我一样已听见经济操纵装置发出异样怪叫；主人们面露不以为然的微笑，但死亡早已潜入其心中。他们信誓旦旦地宣称有能力调整机器以适应眼下的状况，但你会看到，他们从此以后只能调整自己以适应发疯的机器，而且必须在机器规定的时间范围内。他们的代言人摇唇鼓舌说：经济已继承了国家的遗产，然则除了疯狂扩张的“它”之暴政，它无物可以继承。“我”在此暴政下日渐丧失其权力，可它仍沉醉在君主的迷梦中。

与人一样，人之公共人生也不能摆脱“它”之世界的控制。“你”之现时漂浮在“它”之世界，宛如精灵掠过水波。如果功利意志与权力意志臣服于关系意志，则它们自然合宜。本能无所谓邪恶，除非它们背弃人的真性。与真性相融之本能乃是公共人生的血液，与真性相离之本能却是它之毁圮。经济是功利意志之家，国家是权力意志之所，它们领受精神则参与生命，离弃精神则戕害生命。当然，生命从容不迫，只会缓慢消失，但当机器失去控制而走向崩溃之时，人却执迷不悟，竟天真地以为“结构”仍在正常运行。引入少量“直接性”也无济于事，因为经济结构或国家组织再也不受称述“你”之精神的支配，纵然放松这些体制的羁绊，也无法挽救弥补。表面文章不能取代与中心的充溢活力的关系。公共人生的结构从关系力量获得生机，此力量贯通它的肌体；束身于精神的关系力量赋予它血肉之躯。听从精神之召唤的政治家、实业家绝非外行新手，他们十分清楚：倘若把一切与我生关联者绝对当作“你”，则我将一事无成。不过，他们敢于担当风险，只是有所保留，免涉极端。就是说，他们循精神之规而不逾矩，精神替他们设定了行为界限。假若是分离结构，此担当风险将毁灭它；假若是沐浴于“你”之现时光辉的结构，则它将玉成它。这样的人并非耽于梦境，他们所拳拳服膺的乃是那超越理智然不摈弃理智，反而将其纳入自身的真理。他们在个人人生中如何行为，在公共人生中也如何行为。他们明白地意识到自己无力实现纯全之“你”，但他们无时不在“它”之中维护“你”，肯定“你”，根据当时的情况择宜而行。他们日日重新划定界限，他们日日重新领承界限。同样，劳动与占有也须以精神而非自身为起点，由此从“它”中获得解脱。意义与欢乐从精神之现时性中溢出，滋润一切辛劳顾复；敬畏之心与牺牲之力从精神之现时性中溢出，泽及一切占有获取。不是冲毁它们，而是恰到好处地充实它们。正是在精神的现时中，每一劳动对象、占有对象既滞留在“它”之世界，又上升成与人相遇者，成为赋形具体之“你”。这非是倒退回归，在这生死存亡之际，它恰是人未曾梦想过的进步开拓。

是经济赋予国家以权威，还是国家授予经济以权柄，只要二者一仍旧贯，则其间本无大异。国家制度自由与否，经济体制完善与否，这固然重要，但它与我们所追问的本真人生无所关联，因为它们皆不可因自身而自由或完善。真正至关重要的问题是：称述“你”且响应“你”之精神是否长驻于人生，伫立于现实；步入公共人生的精神是屈从国家和经济还是宰制它们，步入私人

人生的精神能否再度与公共人生融为一体。如果公共人生分化为众多互不相干的领域，而“精神生活”不过是其中之一，则这一切当然无从产生。其结果只能是：沉沦在“它”之世界的各人生领域彻底屈从暴政的淫威，精神之实在性由此被完全褫夺。因为，精神永远不能独立在人生中发挥作用，它必得与世界相沟通，以其伟力贯穿“它”之世界，转换它，改造它。仅当精神跨入向它洞开门户的世界，献身于它，并在与它的关系中拯救它也拯救自己之时，精神才能真正“自得其所”。今日僭越精神之地位的乃是歪扭变形，虚弱不堪，腐化堕落，矛盾百出的所谓智慧，除非它重返精神之本性，重获称述“你”之能力，否则它永不可担当此重任。

* * *

在“它”之世界，因果性君临一切。每一被感知的“物理事件”，每一可在自我经验中发现的“心理事件”不是原因便是结果，二者必居其一。而且，那些具有目的论色彩的事件也隶属于“它”之世界的绵延过程，居于因果锁链之中。因果过程囊括目的性，后者作为其对立面在其间发挥作用，但它对因果过程之整全性、统一性无所损伤。

因果性在“它”之世界具有无限统摄力，这对自然界的科学秩序具有根本重要性，但它不能强施枷锁于人，因为人本不受“它”之世界的制约。相反，它可使人不断远离“它”而进入关系世界。在关系里，“我”与“你”自由相遇，相互作用，不为因果律所缚，不为因果性所染；在关系里，人无须担忧他的自由及其真性的自由，但仅有洞见关系者，知悉“你”之现时性者才能做出自我决定，而自我决定即是自由，因为自我决定者已临近“你”之圣容。

我意志本能的质料若火液沸腾翻滚，我之无限可能性云集身侧，茫昧缥缈，动荡不定。四表八极，处处闪烁潜在性的目光，动我心魄，引我入醉。万有皆是诱惑、撩拨。我沉入瞬息，双手伸向熊熊火焰，深陷其间，这里隐匿着我唯一的作为，专为我之行动而设定的作为。现在或者永不！堕落之威胁业已消除，无“中心”的繁多已因其要求的雷同而中止喧闹，所余的仅是“另一”与“这一”，即幻想与使命。现在，实在性在我心中萌发。自我决定决非意味着履行“这一”却让“另一”成为僵死的废物，恰好相反，唯有那把“另一”之全部力量投入“这一”的实现进程的人，唯有那让未被择者之沛然激情进入被择者之实现进程的人方能自我决定，就是说，唯有用“邪恶本能侍奉上帝”者方能自我决定，方能决定未来之发生。能识此理者也必懂得：人所建树、决定、抉择的一切皆是正义。如果确有恶魔，则它非是违抗上帝旨意者，而恰好是永不能做出决定者。

因果性不能强使生而自由的人就范。自由人知道人生的本质便是摇摆于“你”与“它”之间，他懂得此中蕴含的奥谛。他不可能永驻于圣殿里，故而他必得反复踏入圣殿的门限，然他以此为满足；他不得不一次次重返人世，但这正好向他昭示了人生之意义与天职。在彼岸，在圣殿门前，回答、精神在他心中不断复燃；在此岸，在这卑微但必不可少的世界，火种长存不灭。被称为必然性者不能在此世威吓他，因为他已在彼岸知悉了本真的必然性——命运。

命运与自由彼此订有神圣誓约。实现自由而后与命运相逢。我发现专为我而设的作为，而在我的此种自由作为中，奥赜敞亮自身；即使我拒绝践行命运的安排，奥赜也会在我之反抗中敞亮自身。那不计一切后果且依据本心底蕴做出决定者，那抛弃一切服饰财富而赤身裸体承仰“你”之圣容者，便是自由人。命运作为自由之对立物而显现于他，但它非是他之羁绊，而是他之完成；自由与命运在意义中融为一体，严峻目光在意义中金辉流溢，灿烂若神恩。

不，因果必然性决不能威逼人，因为正是人给“它”之世界带来火种。在健康的人生时代，信心从充溢精神的人中奔泻而出，泽润全体人类；相遇、现时惠临一切人，甚而最顽冥不化者。它或是自然降临，或是假手本能，或是微妙呈现，而人也皆以种种不同方式而领悟“你”。精神赋界人信念与希望。

然而在病恹时代，“你”之世界不再若洪流涌向“它”之世界，浸润万有。人孤立无援，焦渴难熬，沼地恶魔征服了他。对象世界不再转成现时，人不得不承受它，故而不得不屈从它。通行无阻的因果性恶性膨胀，直至演变为宰割一切，窒息一切的宿命。

每一包容多民族的伟大文化都筑居于本原的相遇，植根于对“你”的响应回答，发端于精神之真性活动。此活动因代代相袭的共同努力而增强光大，它据此而于精神中创设出一文化所特有的宇宙观；人的宇宙，人的家园必从它领有存在的可能性。仅在这样的时代，人对其灵魂的伟力才具有坚定信心，才能根据其特定空间观念而营造神明的居所，人类的家园，才能让圣乐神诗充溢动荡飘浮的时间，才能创立人类社会。首先有人在此生的积极活动，历经沧桑，践行真性，进入关系，而后有人的自由与创造。倘若文化不再参与生机盎然、时时更新的关系进程，则它将僵死在“它”之世界，而孤独之精神仅能偶尔以其绚灿作为穿透世界之重重阻障。从此，那先前无力侵犯精神宇宙观的因果律顿时姿行无忌，成为傲睨万物，宰制宇宙的宿命。在此以前，睿智慧明，君临万有的命运与宇宙的意义息息相通，挟制着因果，但现在却沉沦为无意义之厄运灾星，受制于因果。羯磨[①]于古人乃是大慈大悲，因为我们在此生的作为将在来生中振拔我们，使我们飞升至更高境界；但它现在却被当作了专制暴君，因为我们无从知悉的前世罪孽强使我们身陷此生难逃的囹圄。在此以前，天穹因道而成，充盈意义，必然性的枢轴依附于它绚烂光华的穹顶，但现在却是无意义的浮星滥施淫威，把执苍旻。在此以前，我们只需虔心遵从“天道”，也即“人道”，便可心怀自由而栖居于命运设造，但现在，无论我们有何作为，我们总得承担世界的僵死重负，领受异在于精神的宿命。获救的渴念滚滚翻腾，万般努力终难遂愿，直至有人学会了如何摆脱生死轮回，直至有人把落入异在力量之手的灵魂置于上帝之子的自由而拯救了它，由此使渴念缓缓平息下来。如此的功业产生于新的相遇，转成实在的相遇；如此的功业发端于人对“你”之新的响应，决定命运的响应。在践行这种趋向“中心”的真性活动时，一文化可被另一浸润于真性活动之光辉的文化所取代，但也可自我更新。

21 世纪的疾患之严重无与伦比，它集一切时代之病症于一身。

① Karma，佛教术语，指因果报应。——译者注

文化史非是亘古长存的竞技场，在其间竞技者们都会无忧无虑地走完同一条死亡跑道。贯穿他们之兴亡过程的乃是一条无可名状的路途，无所进步，无所发展，它是通向精神地狱的螺旋下降，又是直抵最玄奥微妙之漩流的飞升，其间既无“进”也无“退”，只有闻所未闻的循环——突破。我们将走向终点，抵达黎明前黑暗的考验？何处有危险，何处便有拯救。

无论其表现形式有何不同，当今的生物学思潮与历史诡辩思潮均在努力培植对宿命的信仰，且是迄今为止一切信仰中最坚定彻底的信仰。以无上权威统摄人类命运的不再是羯磨之力，星辰之力；无数势力都在吵吵嚷嚷要攫取权威。细观明察后可以发现，大多数现代人所信仰的乃是一混杂物，恍若晚期罗马人之信奉诸神的混合。这类信仰的本性便挑明了这一点。其中有弱肉强食的“生命法则”，它强迫人或是参与竞争，或是放弃生命；其中有“心灵法则”，它鼓吹要完全依据习惯本能来构建心理人格；其中有“社会法则”，它申言社会发展进程不可抗拒，人之意志、意识只是该进程的附庸；其中有所谓“文化法则”，它声称是它决定并支配着历史结构的恒定兴衰。不论凡此种种的东西具有何种形式，它们都无例外地意味着：人不可避免地被囚禁在既定事态之中，他绝不可能反抗它，或者说，他至多只能在幻想中抗拒它。神秘祭祀摆脱星辰之束缚，伴随智慧之“梵的牺牲”超越羯磨之制约，两者均体现获救。但混合神明却不能容忍对解脱的信仰，蕲求自由被视为疯狂。人仅有一种抉择：或是绝对服从奴役，或是于奴役中进行无望反抗。无论这种种法则如何鼓噪有目的之发展，有机之生成，它们都以过程为依托，以无限因果性为根据。过程论

教条不过是人在目空一切的“它”之世界面前俯首称臣。人误用了命运的名义，因为命运绝非笼罩在人类世界顶上的罗网。唯有伫立于自由者方能与命运相逢，但过程论教条却令自由无存身之地，它扼杀了自由最真实的体现——皈依。皈依以其沉静力量改造天地、扭转乾坤。过程论教条根本无从理解这样的人：他因皈依而战胜普遍的生存竞争，撕破习惯本能的网络，打碎社会等级的设造；他因皈依而动摇、推翻且重造历史结构。过程论教条威逼你进入人生博弈，在其间你别无抉择，要么服从规则，要么退出人生，但真正的皈依者掀翻了整个棋盘。这种教条要你在生活中处处恪守它的种种苛刻规章，留给你的仅是在心灵“仍为自由”，但在真正的皈依者之眼中，此种自由无疑是最卑劣的奴役。

对人来说，唯一的宿命便是对宿命的信仰，因为它斩断了通向皈依之途。

宿命信仰乃是在人类初期便产生出的虚妄信念。一切关于发展进程的思想都不过是把既定事实，支离事态，伪装成历史的客观性加以有序化，它根本不能抵达“你”的现时，进入关系的“将成”。它对精神的实在性一无所知，它所设定的模式决不能拘禁精神。唯有无力瞥见“现时”之人方会崇奉关于客观必然性的预言。降心顺从“它”之世界者自以为在宣扬必然进程的教条中洞烛了永恒真理，在杂乱繁芜的生成中窥见了明确路径，然而这所谓真理只是陷于“它”之世界而不能自拔的谬误。不过，“你”之世界并未紧闭门牖，只要你敛聚真本自性，收拾关系力量，则你会悟得自由。能从否认自由之信仰教条中解脱自身者才能真正自由。

＊ ＊ ＊

人能说出恶魔之真名之时即是他获致战胜它的力量之日。同样，只要人看破“它”之世界的本质，那曾几何时耀武扬威于羸弱人类面前的“它”之世界即顷刻顿首俯伏，因为，它不过是他之分裂，异化。当他之充实圆满涌入世界之时，我们便与每一尘世的“你”相遇；他有时若圣母恢宏庄严，令人敬畏，但总是面露慈祥，和蔼近人。

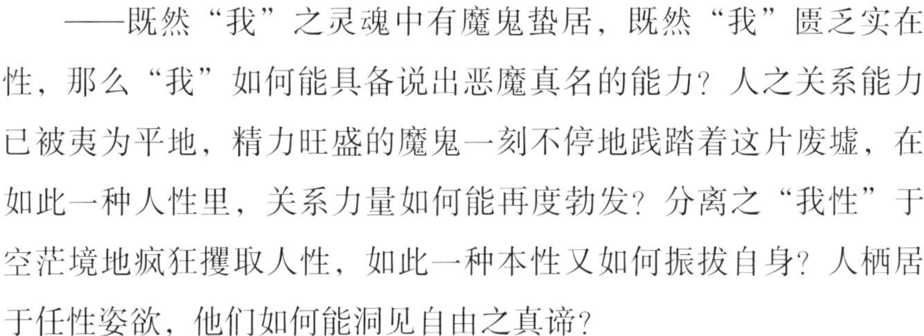

——既然“我”之灵魂中有魔鬼蛰居，既然“我”匮乏实在性，那么“我”如何能具备说出恶魔真名的能力？人之关系能力已被夷为平地，精力旺盛的魔鬼一刻不停地践踏着这片废墟，在如此一种人性里，关系力量如何能再度勃发？分离之“我性”于空茫境地疯狂攫取人性，如此一种本性又如何振拔自身？人栖居于任性姿欲，他们如何能洞见自由之真谛？

——恰如自由与命运水乳交融，意欲与宿命也须臾不离。不过，自由与命运彼此许下了庄严诺言，共同汇融入意义；反之，意欲与宿命，即灵魂之幽怪与世界之恶魔却仅是相容而存。它们同居一室但相互回避，不战不和，厮守在无意义之中，直至猛然间两者神情迷乱地面面相觑，各自吐露出永不可获救的绝望之情，不寒而栗。为了遮蔽或掩盖这一事实，当今世界耗费了多少能言善辩，精明颖异的智慧！

自由人本是无所意欲而意欲者，他信仰实在性，此即是说，他信仰“我”与“你”本真的株连。他笃信天意，且坚信天意亦需要他。天意不会束缚他，而是等候他，期待他；他必得接近它，但不知它位于何处。他仅知道，他须付出其全部生命，浪迹天涯以觅得它。当然，未来不会顺从人的决定，然除非他有所意愿，有所决断，将发生者始会发生。他必须为宏大意志而牺牲渺小意志，即必为超越有限存在之意志而牺牲被物及本能所宰制之意志。此时，他与世无争，无待无限，但又非听天由命，任其自然。他聆听自体之变化，众生之道途，其目的不是依附世界，而是遵从它之期望，响应它之蕲求，以人的精神、人的活动、人的生与人的死使世界转成实在。我言及人之信仰，但实则意指他之相遇。

为意欲所支配者无所信仰，无所相遇，他不知何谓“我”与“你”的璧合。他所知者乃沸腾的外部世界以及他力图利用它的疯狂欲念。只要赋予“利用”以古雅称号，它即可跻身于神明之列。当他称述“你”时，他的言外之意是：“我利用他物他人的功能才具。”赐我以利用之才能，任我之能力自由驰骋，这就是他对天意的理解。事实上，他并未领承天意，他所具有的不过是物及本能的限在，他心怀唯我独尊之情，循行任所欲为之道而实现此限在。他无宏大意志而仅有意欲，不过他视前者为后者；他根本无力于做出牺牲，尽管他唇边常挂这一语词。既然他从不践行牺牲，我们可观其行而知其人。他涉世极深，而其目的却是“任其自然”。他会振振有词地诘问你：为何不辅佑天意？既然有现成手段，为何不可利用它以达目的？他对自由人也作如是观，且只能作如是观。但自由人于此间无任何目的，因而无任何手段；他所唯一具有的便是不断决定，接近天意。他有所决定，且每逢十字路口又时时更新它，重铸它。如果有人申言：宏大意志之决定有所不足，须辅之以手段，则自由人宁可相信自身已猝然死去也不愿听信此

种谬论。自由人因信而相遇，反之，意欲之人的本质即是非信仰，因之他除了拒不信仰，恣意纵欲，设定意图，谋求手段外一无所知，一无所觉。他之世界乃是充斥目的、阻障的世界，其间没有牺牲，没有神恩，没有相遇，没有现实。他之世界仅能如此，其名称便是宿命。尽管他唯我独尊，目空一切，非实在性却以不可抗拒之力彻底压倒了他。一旦他反省自身，沉思自身，他会立即意识到这一点，故而他耗尽其最高智慧来杜绝或至少遮蔽沉思。

沉思我之背信人生，沉思匮乏实在的“我”以及充盈实在的“我”，在沉思中让自身降落于被称为绝望的土壤，扎根于这萌生自我毁灭及重获新生的土壤，这样的沉思便是皈依之始。

* * *

《百道梵书》[①]记载有神明与恶魔的争论。恶魔问道：“吾等能把祭品奉献于谁？”于是他们将一切祭品都塞入自己嘴中。而神明们却把祭品相互送入口内，但生主[②]把自身也奉献给众神。

* * *

——“它”之世界以己身为目的，换言之，它既未仰承也未融入“成为你”，因之它异化为恶魔。此理易于理解。但人之“我”

① 婆罗门教的重要典籍，在印度宗教文献中第一次提出了灵魂转世理论。——译者注

② Prajapati：印度神话中的创造之神。——译者注

如何能匮乏实在性？无论“我”驻足于关系中还是滞留于关系外，它总有自我意识，因而总能确信其实在。“我”如同金线，光彩夺目、金波横流等性状皆因它而生。倘若我说，“我见你”，或者“我观树”，此见此观或许并不同样实在，但两者中之“我”却同样真实。

——且让我们明辨此说之是非。语言形式不能说明任何问题。有多少口诵之“你”实则意谓“它”，这种用词不当完全源于语言习惯及用法含混；有多少口诵之“它”实则意谓“你”，人于事后可遥想它的现时性。所以，无数的“我”不过是一必要的代词，是“眼下正言说者”的简称。自我意识？如果一个句子的确意指关系之“你”，另一句子的确意指经验之“它”，如果两者又真的蕴含着“我”，难道它们发端于同一个“我”的自我意识？

原初词“我—你”中之“我”迥异于原初词“我—它”中之“我”。

原初词“我—它”之“我”显现为殊性，自我意识为经验与利用之主体。

原初词“我—你”之“我”显现为人格，自我意识为无规定性之主体性。

殊性之存在依赖于他区别于其他殊性。

人格之存在依赖于他进入与其他人格的关系。

前者乃自然分离之精神形式，后者乃自然融合之精神形式。

分离的目的是经验、利用，而经验与利用之目的是“生存”，此即是说，贯穿人生历程的“死去”。

关系的目的是关系之自性，此即是说，是与“你”相接，因为，由于与每一“你”的相接，我们得以承仰永恒生命的气息。

伫立于关系的人享有实在，即领有既非绝对专属于他也非绝对外在于他的存在。一切实在皆是活动，我参与它但非占有它。参与与实在形影不离，占有与实在水火不容。与“你”之关联越直接无间，人的参与便越充实沛然。

“我”因参与实在而成为实在。“我”之参与越充实，“我”之实在越丰盈。

但当“我”走出关系事件，进入分离与分离意识之时，“我”并未丧失其实在性，他的参与仍生机勃勃地留存身内。换言之，用来描述至高关系的说法也适用于一切关系，这就是“火种犹存”。“我”意识到我的融合，我的分离，这即是主体性领域。我们必得动态地领悟本真主体性，视其为“我”在孤寂境况中摇摆徘徊。主体性也就是渴念之形成和升华的境界，在此间，人企望抵达至高无上的关系，蕲求完全参与存在。人之精神实体成熟于主体性。

人格把自身意识为参与存在，共同存在，也即是自我意识为在者。殊性把自身意识为“唯此非彼的在”。人格说，“我在”；殊性说，“我是”。人格把“认识自己”理解成“认识自己领有在”；殊性把它理解成“认识你是如何一种在”。殊性因区别于其他殊性而远离存在。

这并非意指：人格竟然“舍弃”其殊在、其个性特点；这仅是指：他之殊在绝非他的立足点，它摆在那里，作为存在之有意义的必要依托，仅此而已。反之，殊性在其殊在中洋洋自得，更确切地说，在其杜撰的虚幻殊在中洋洋自得。因为对他来说，认识自己即是指构建君临万有之自我幻相，此自我诱使他一步步沉沦入空疏虚无。他观照自我幻相，崇仰自我幻相，如此获得关于自身之殊在的虚妄认识；而对殊在的本真认识将促成他的自我毁灭，或者说，将造就他的再生。

人格直观“自我”，殊性关切“我的”——我的种，我的类，我的创造，我的智慧。

殊性既不能参与也不能获得实在。他从其他殊性中分离而出，竭力通过经验，利用尽可能多地占有。分离与占有即是他的动力，两者熟知“它”，滞留在非实在之中。主体自以为有能力恣意攫取，但他并不能由此转成实体，他永为一种功能，一种能力，永为经验者，利用者，仅此而已。他有森罗万象，内容繁杂之殊在，他有精力充沛之“个性”，然这一切皆无助于他转成实体。

不是人划分为两类，而是人性具有两极。

无人是纯粹人格，无人是纯粹殊性；无人领有完全实在，无人领有完全之非实在。每个人都生存于“我”之二重性中。但确有人格沛然于其心的人，可称他为人格；确有殊性宰制其心的人，可称他为殊性。真正的历史在这两极之间展开。

殊性之统摄个人与人类越甚，“我”之沉沦于非实在便越深。在这样的时代，个人及人类的人格幽伏潜存，直至其被再度吁请呼唤。

* * *

原初词“我—你”中之“我”在“我”之二重性中越强劲，人之人格便越充盈。

根据人对“我”的称述，即根据他言及“我”时之真正意向，我们可判定他的类属，他的归宿。语词“我”乃是人类的试金石。

且倾听“我”！

殊性之“我”何等乖忤不睦！当人掩盖其自相矛盾，悲悲切切地诵出“我”，它能招致众多悲悯同情；但当人无所顾忌地诵出“我”，轻狂唐突地暴露其矛盾冲突，它会带来莫大恐惧；而当人油腔滑调地诵出“我”，则它刺耳难听，令人痛苦。

以重音称述分离之“我”的人摊出了世界精神的耻辱，因为精神已堕落成智慧。

但苏格拉底的“我”何等悦耳，何等谐和！这生机盎然的“我”，这感人至深的“我”！这是伫立在滔滔不绝之对话中的“我”，对话伴随“我”走遍其旅程，在法官面前，在狱中临终时辰。“你”呈现在对话中，“我”生存于与“你”的关系里。“我”从不放弃对人之实在性的信仰，他走出去与人们相遇，故而他与他们共居于实在之中。从此，实存性不会再离弃他，他之寂寞永不会转成遗弃，如果人类世界缄然无语，它会聆听到神明在低诉“你”。

歌德之“我”何等美妙，何等适度！这充实圆全的“我”！这是与自然进行纯洁交流的“我”，自然倾心于他，与他不息地对话，向他昭示其奥妙又隐匿其玄秘。他信赖她，向玫瑰说：“这即是你。”如此，他与她伫立于唯一的实在；如此，当他返还自身，实在之魂伴他同归。沉思自体之太阳的眼有福了，因为阳光与它形影相随；自然元素的友情伴随人步入死与生的静寂。

这是上下几千年来对“我”之“盈、真、纯”的称述，这是伫立在关系中的众苏格拉底和众歌德的共同宏声。

且从无限无待之关系中撷取一例。耶稣对“我”的称述何等有力，甚而是太有力了，何等合宜，甚而是不言自喻！因为，这乃是无待无限之关系的“我”，在这样的关系中，人谦恭俯服，颂“你”为父，称己为子，且仅是子。每当他言及“我”，他总是意指那神圣原初辞之“我”；“我—你”为他而生，引他入无限存在。如果分离沾染他，则融合会萌发更大伟力，他只是从关系中向他人言说。把此“我”限定为自在力量，把此“你”规定为我们身中之一物，褫夺实在者之实在与现时关系之实在，凡此一切只能是徒劳无功。“我”与“你”相依共存，每个人皆可称述“你”而仍为“我”，每个人皆可赞颂父而仍为子，实在性永永不灭。

——要是人的使命仅要求他认清自身与事业的关联，无须知悉自己与“你”的关系，无须洞见“你”之现时性，要是它要求他把周围的一切皆变成“它”，视其为完成事业的手段，那么我们当如何作为？试看拿破仑关于“我”的说法。难道它不合法适度，难道这种经验与利用的现象非是人格？

——确实，当今世界的领袖根本不识“你”的维度。可以用这样一句话来恰如其分地刻画他：一切在者均是其财富。彼得的门徒在他身陷囹圄后背叛了他[①]，但那种把彼得与门徒等量齐观的人却无人可以背叛，因为他不把任何人当作在者。这种人乃是浩瀚

① 参见《圣经·彼得后书》。——译者注

人海中的“恶魔之你”，他不能回答“你”，他仅能用“它”做出响应，他仅能以虚假人格做出响应，他仅能依据他的利益、事业、行动做出响应。这“恶魔之你”便是历史的根本局限，在其间，关系之原初词丧失了实在性，相互作用性，在他的眼中，他人皆不复为“你”。他是位于人格与殊性即自由人与意欲人之外的第三者，他不同于后两者，但并非介于二者之间。在命运时代，他应运而生，称雄一时：万有皆向他喷放激情烈焰，他却迟留在冷寂火光中；无数关系涌入他，但无任何关系自他溢出；他从不参与实在，但却被纳入无限实在之中，好像他即实在。

对于他，周围的在者不过是具有不同用途的工具，为了完成他之事业所需要利用的工具。他也如此看待自身（所不同的是，他必得反复检验自己成就功业的能力，但对此能力的限度却一无所知），他把自己也当作“它”。

所以，他对“我”的称述绝非感人至深，充实圆全，但较之现代的殊性之人却更少欺骗性。他从不言及自我，而只称“从我出发”。他口诵笔述之“我”仅是他的决断与决策的必要句法主词，唯此而已。此“我”虽不具主观性，但也不具为殊在所缠绕的自我意识，故而也不具自我幻相。当他被事业所遗弃，当他第一次被迫且能够言及自身，思考自身，当他开始沉思其“我”，他说，“我是虽存在然不识自己为何物的钟表”；这话昭示了他乃顺应命运而生，揭示了此现象的实在性与此“我”的非实在性。由此呈现的“我”不是纯粹主体，但也无力进入主体性；他挣脱了魔咒然仍未得救，他倾吐出那合法而又非法的可怖哀号：“宇宙凝视我们！”最终他再度沉入神秘。

在经历了如此的兴盛，如此的衰亡之后，有谁还敢于断言：这种人理解或者误解了他伟大微妙的使命？无可怀疑，这把无现时性之恶魔奉为主人、楷模的时代误解了他。它无从知晓，此间之主宰非为权力欲望，权力享受，而是命运与圆全；它为这张面容上之独断专横而欣喜若狂，但根本无力辨认上面铭刻的文字，犹如钟表之刻度的文字；它竭尽心力想模仿此种人对在者的冷酷态度，但对其必要性、必然性却茫然无知；此种人对其自我也毫不宽容，而它却以疯狂滋长的殊性意识来取代它。语词“我”永是人类之试金石。拿破仑不具关系力量而称述“我”，但他把其视为一种圆全。而那些效颦他之言说方式的人只会显露其不堪救药的自相矛盾。

——何谓自相矛盾？

——倘若人生存于斯世而未能保存关系之先验的根，倘若他不能在相遇者身上实现“先天之你”，则“你”将蛰居在人自身之内，它以非自然的，不可能的相遇对象为对象，即以“我”为对象，此即是说，它在不可圆成之处圆成自身，由此，人便在自身之中与自己相遇，但这绝非是关系，现时或相互作用，这只能是自相矛盾。人固然可以把它解释成一种关系，例如宗教关系，从而回避与内在自我面面相觑的恐惧，然而他必得反复发现这纯属自欺欺人。此即是人生的边缘限度。空疏虚无飞向无意义之虚妄充盈，人生于黑暗中摸索出路，结果却陷入更深迷惘。

* * *

有时，人因“我”与世界之疏远而震悚胆寒，他不能不设法逃出困境。此时，你宛若在深夜被噩梦揶弄，备受煎熬，存身之堡垒业已坍塌，无底之深渊鬼哭狼嚎；你于万般痛苦中发现生命犹存，于是便蕲望挨过难关重步人生。但这如何可能，怎样可能？在沉思冥想之时，人便陷入此种思绪起伏，心惊胆战，不知所从的境地。或许，他痛苦地体悟到幽奥底蕴，由此觅见通向皈依之途，经由牺牲而走向皈依的路途。但他对此彻悟不屑一顾，因为“神秘主义”不能抵挡通明电灯。于是，他吁请思想援手以助（他当然有理由信赖它），期望它力挽狂澜，化险为夷。思想的确有绘制可靠可信之世界图景的高妙艺术。人对其思想如是说：“看看这眼露凶光的可怕怪物，难道它过去不是我的玩友？你知道，它曾以这同一双眼睛向我微笑，那时它们流露出何等的善意！再看看穷途潦倒的‘我’。我坦诚向你承认：它空无一物，无论我如何经验自我，利用自我，总不能穷究它之奥赜。你能否让我与世界和好如初，让它离去，容我康复。”思想乐于效劳献艺，它以举世皆知的惊人速度绘制了一幅，不，两幅图景，陈列于左右两墙。一厢是世界图景（毋宁说，一厢呈现出世界图景，因为思想当然精于摄影之术）：蕞尔地球从浩渺之涡状星云抛出，若微尘草芥的人类诞生在熙熙攘攘的地球，历史牵引他们穿越世纪长河，文化被历史碾着泥尘，而人却不断重建文化蚁丘。图下写到，“一即一切”。另一厢呈现出灵魂图景：一织女在纺织众星辰之轨

道，众受造物之生命以及宇宙之全部历程；万有皆由一根线所织成，因之不再有星辰、造物、宇宙之分。现在，它们都成为感觉、想象，或者说经验状态、灵魂状态。图下写到，“一及一切”。

这样，每当人因疏远而震悚之时，每当世界在他心中植入恐怖之时，他都会仰首观望图景（向左还是向右无一定之规，全随机缘而定）。在彼，“我”消失在世界之中，因而根本不存在“我”，如此，则世界对“我”无可奈何，如此，则人可高枕无忧；在此，世界消失在“我”之中，因而根本不存在世界，如此，则世界对“我”无可奈何，如此，则人可高枕无忧。每当人因疏远而震悚之时，每当世界在他心中植入恐怖之时，他会仰首凝视图景（或左或右，全凭机缘而定），空虚之“我”顿时被世界所充实，或者，被汹涌的世界洪流所淹没，于是人无所烦忧。

然而，这样的一瞬即将来临，这样的一瞬已经来临，此时，人惊慌失措地仰首以望，但却同时瞥见了两幅图景；此时，更深的恐惧攫取了他。

卷　三

不断延伸的关系之线在“永恒之你”中欣然相结。

每一个别之“你”皆是对“永恒之你”的洞见；每一个别之“你”皆向“永恒之你”称述原初词“我—你”。关系通过每一在者的“你”而实现于在者，以及落空于在者，因为“先天之你”实现于但不能圆成于每一关系，“永恒之你”本质上不可能沦为“它”，故而它仅能在与“永恒之你”的直接关系中圆全自身。

* * *

人用许多名字来称述“永恒之你”。在赞颂其所命名的上帝时，人心中无时不浮现“你”。最初的神话即是赞美诗。尔后，名称寄身于“它”之语言，人日益趋向于把“永恒之你”当作“它”来思想、称呼。但一切上帝之名皆是神圣，因为通过它们人不仅言及主，而且也向主倾述。

不少人主张舍弃“上帝”这一语词，因为它蒙受了如此之多的滥用以致不复为合法的措辞。它的确是人类一切语词中负载最重者，正因为如此，它乃最不可缺少，最不可褫夺者。一切称述上帝之人必心怀上帝，与这一真理相较，那关于上帝之本性与业绩的种种谬误说法（虽然未曾有过也不可能有其他说法）皆无足轻重。因为，言说上帝一语且意谓“你”者，不论其心怀何种虚妄的上帝观念，必会称述他本真的“生命之你”，即不可被另一“你”所限定的“你”，他由此伫立于与“永恒之你”之包容万“你”的关系中。

而且，那些厌恶此名称且以无神论者自居的人也称颂上帝，只要他奉献其纯全真性来称述他之“生命之你”，即不可被另一“你”所限定的“你”。

＊ ＊ ＊

如果我们沿循自己的路行走，有人践行他自己的路迎面与我们相遇，那么我们只能知悉我们的路途，因为仅在相遇时我们方可体察他的路。

在圆全相遇事件里，我们以亲身经历的人生而明了我们之去向、我们之路途；我们仅是遭遇另一条路，对它一无所知，它在相遇中呈现。倘若我们把它说成是相遇之外的某物，则未免牵强轻狂。

我们必得关切眷顾的非是彼岸而是此岸，非是神恩而是意志。我们只需知道：要接近神恩且驻足于它之现时性。神恩非为我们的对象。

“你”惠临我，但我步入与“你”的直接关系。由此，关系既是选择者又是被择者，既是施动者又是受动者；纯全真性之活动意味着悬置一切有限活动，悬置一切发端于有限活动的感觉活动，故而此活动必若受动。

此是纯全之人的活动，此是无为之活动：一切分离有限之物皆不能激励他，因之他与世无涉，无牵无挂；他乃全人，因为他驻足并栖居于纯全之中；他于纯全中奋然作为，他领承了有为之纯全。倘若人能执持此活动且赢得坚定，则他已具备进入至高无上之相遇的能力。

把感官世界当作现象世界而摈弃，这并不能引导我们抵达上述境界。没有现象世界，仅有世界，即仅有因我们之二重态度而呈二重性的世界。必须摈除的只是分离性这种阻障。同样，我们根本不必“超越感官经验”，因为，每一经验，哪怕是最具精神性的经验，也只能为我们提供“它”。我们也不必求助于理念世界与价值世界，因为它们不可能转成我们之现时。凡此种种皆非必须。难道人能够断定什么当属必须？一切在人类精神时代中作为律令而发明、创设者，一切对律令的准备、践行、执守都与相遇之元始实在性毫无关联。无论这种或那种践行可能扩充多少知识，增益多大能力，它们都与我们这里所关切的问题无涉。它们置身于“它”之世界，并未从中跨出一步，跨出决定性的一步。律令法则不可教授人如何走出去接近关系；人必须明确划定界限，弃绝一切与“走出去”无关的东西，而后方知其途。显然，唯有一件事真正至关紧要，那就是绝对承受现时。

此承受必然意指：人浪迹于分离越久，他所担当的风险便越大，皈依之必要便越甚。这当然不是说，人应如神秘主义者所言而舍弃“我”，至上关系不可脱离我，正如每一关系不能离弃“我”，关系必须伫立在“我”与“你”之间。应该根除弃绝的非是

“我”，而是唯我独尊之虚妄本能，它诱使人回避那缥缈不定，茫昧恍惚，无所稳固，无所延绵的关系世界，逃入“对物的占有”。

* * *

与世界中每一在者，每一生命的每一实在关系皆是唯一的。你之“你”自由无拘，卓然挺立，独一无二，与你相持。“你”充溢穹苍。这并非意指，除他而外无物存在；这毋宁是说：万有皆栖居在他的灿烂光华中。只要关系之现时犹存，它之普照性便不可易移。然一旦“你”转成“它”，关系之普照性即刻威逼世界，关系之唯一性即刻排斥万有。

在与上帝的关系中，无限唯一性与无限包容性融为一体。进入绝对关系者不与任何个别物发生联系，无论是物体生灵，还是大地苍天；但万有皆汇融于关系之中。因为，进入纯粹关系并非是视万物为敝屣土芥，而是尊奉万物为“你”；非是遗弃世界，而是将其置在本真基础之上。漠视鄙弃世界无助于人接近上帝，看重贪恋世界也无助于人接近上帝。唯有把世界视为他者羁旅在他之现时中。“世界在此，上帝在彼”，这话乃属“它”之语言；“上帝在世界中”，这话属于另一种“它”之语言。不减损任何物，不离弃任何物，将万有以及整个世界皆纳入“你”，赋世界以权利，给世界以真理，不是任万有外在他而是让万有进入他，——这才是充盈纯全之关系。

执着世界者无从接近上帝，抛弃世界者无从承仰上帝。唯有以其全部生命走出去与其“你”相遇者，唯有把世界之一切在者均视若“你”者方可接近那不可寻觅的他。

毋庸置疑，上帝是“纯全他人”，但他同时又是“纯全自我”，“纯全现时”；毋庸置疑，上帝是无限神秘，其显现自身，君临万有；但他同时又是昭彰澄明的奥赜，比我之“我”更亲近切依。

倘若你穷究万物及限在之生命，则你趋近无底深渊；倘若你无视万物及限在之生命，则你面对无限空虚；而倘若你圣化生命，则你与无限生机之上帝相遇。

* * *

每一个别之“你”必将转成“它”，人的“你之意义”因此而失望沮丧，故而它超越他们又不离弃它们，殷殷奔向“永恒之你”。此奔向非若人的寻觅，事实上根本不存在“寻求上帝”，因为我们于万有之中无处不可觅见上帝。那为了寻求上帝而舍弃人生轨道之人何等愚蠢，何等绝望！纵然他获致隐居之一切智慧，冥修之一切力量，他仍不能相遇上帝。反之，如果有人践行其途，只是蕲望这即是所应选择之路，那么他的热情期望会昭示他之向往渴慕，因此他相遇上帝。每一关系事件皆是一阶梯，人由此而瞥见至善至美的关系，故而他于一切关系中未曾参与又已经参与（因为他竭诚等待）了这一关系。他于等待而非寻觅中沿循其途；所以，他对万有怡静凝重，与其相接，欣然施助。即使他已找到，既然他于至善至美的关系中已与万有相遇，他之心仍系执于它们。他祝福栖息在他体内的每一细胞，祝福将化身为他的每一细胞。因为，此找到非是终点，它仅是漫漫长路中永恒的中点。

这是未经寻觅的找到，这是发现元始，发现本原。仅当人找到永永不灭之“你”时，他的“你之意义”方能实现；从一开始，“永恒之你”便现时地呈现于它，但仅在此世之人生圣化以后，领承实在性以后，此现时方能成为实在。

我们不可从何处推断出上帝，譬如，从自然界推出作为造物主之上帝，从历史中推出作为宰制者之上帝，从主体中推出作为自我之上帝（即我思中之我）。不是先“给定”什么，然后从中推导出上帝；上帝即是我们直接无间，亲切厚挚，永永不灭之相遇者。他只可被称颂，不可被表达。

＊　＊　＊

人把依恋情感（近来则被确切地名状为动物情感）称作人与上帝之关系中最根本的要素。对此要素强调越甚，定义越精，偏爱越多，纯全关系之性质便越离谱走样。

前面关于爱的说法在此处更确定不移，颠扑不破。关系实现于“我”与“你”之间，而非灵魂中，情感不过是此实现过程的附属产物。一种情感，无论它何等根本，何等重要，总是依附于心灵的波动，各种情感在心灵中此起彼伏，变相更替。与关系不同，情感构成一等级命列，各有其位，各领其份；最重要的是，每一情感皆位于两极冲突之中，它之色彩意蕴并非渊源于自身，而是来自于其对立一极：每一情感都由其对立面所规定。因此，如果把绝对关系贬低为孤立有限之情感，则它将沦为心理相对物。它本是使一切相对物汇入实在性者，它本身非是部分，而是玉成且统一一切部分之整体。

若以心灵为出发点，则我们只可从两极性领会纯全关系，就是说，要视它为对立统一，即情感的对立统一。不过，其中一极却因人的基本宗教态度而遭到压抑，故而它很少呈现在沉思意识中。仅在人沉入对存在之奥谛的最纯净精妙的冥思时，他方可召还它。

的确，人于纯净关系里领悟到在其他任何关系中无从体悟的情感，即人自身的仰赖依附，但同时也领略到在其他任何时空中无从领略的感受，即人自身的无穷自由。人感到自己既是受造者又是创造者。此时，你之情感不再被对立一极所限定，两极皆逾越限制而融入一体。

你于心间无时不知自己需要上帝甚于一切，然你可知上帝同样需要你，他在永恒充盈中需要你？倘若上帝不需要人，不需要你，人何以在，你何以在？你为在而需要上帝，上帝为你生之意义而需要你。人竭尽心力，企图以理论与诗词表达关系，意谓关系，他们之巧言色令实在是过多过甚；“上帝乃将成、未来”，凡此种种的妄言谵语何等浮泛，何等狂傲！我们于心中确定不移地知道：仅有既是已成又是将成的上帝。世界非是神明游戏，而是神圣命运。在世界的人生中，在人类的人生中，在个人的人生中，在你我的人生中，有神圣庄严的意义。

我们领承创造，创造焚毁自身而进入我们，在创造之烈焰中重塑我们；我们震颤发抖，不能自已，俯伏相从。我们参与创造，相遇造主；我们向往他，奔向他，做他的助手，他的扈从。

两大仆人穿越岁月世纪，祈祷与牺牲。祈祷者把自己全部倾注到无限仰赖之中，他深知，即使他无从得到上帝的任何回报，他也能以无可理喻的方式作用他。因为，当他不再为自己而有所欲时，他会瞥见其作用之烈焰直冲云霄。那么，奉献牺牲者怎么样？我不能鄙弃他，轻视他，这过去时代的忠仆以为上帝会期待他之燔祭[①]的香泽；他愚蠢然而深切地意识到：人能够且应当祭祀上帝。此理也为这样的人所领悟：他把自己之渺小意志献与上帝，而以其宏大意志与他相遇。“汝意将成”，上帝仅仅这样回答，但真理补充说，“通过你所蕲求的他”。

是什么把牺牲、祈祷与魔法巫术相区别？魔法企图回避关系而获致作用，它于虚无中玩弄把戏，但牺牲与祈祷伫立在“相遇”面前，在蕴含相互作用之神圣原初辞的圆成之中。它们称述“你”，而后凝神聆听。

若把纯粹关系视为仰赖依附，则会使关系之承负者因此也使关系本身丧失实在性。

* * *

如果我们选择相反道路，把沉浸入“自我”或进入“自我”视作宗教活动之本质，同样的结果仍会产生。这条道路又一分为二，其一是把“自我”理解成摆脱“我”之有限性，它意指上帝进入我之“无我之在”，或者我之“无我之在”飞升入上帝怀抱；其二是把“自我”理解成“唯一之我思我在者”，它意指“自我”

① 原文为 das Brandpfer：犹太人烧全牲以祭神的仪式。——译者注

作为“圣一”直接伫立在我自身之中。此即是说，在前者中，对“你”的称述于崇高时辰戛然而止，因为二元性已不复存在；而在后者中，根本不存在对“你”的称述，因为根本不存在二元性。前者尊奉人融于神，后者笃信人以神自居，两者均主张超越“我”与“你”。前者是融入（如通过狂喜神迷状态），后者是自存且自我敞现（如思维主体之自我直观），两者均毁弃关系。前者乃动态的，它任“你”吞没“我”，然“你”因此而不复存，所余的仅是寂然独存；后者乃静态的，它让“我”唯我独尊，“我”超越一切限制而转成“自我”，它也为寂然独存。“我”承负着世界纯粹关系之拱穹，如果仰赖之说申言“我”太脆弱空虚，无力担此重负，则沉浸之说的前一种形式竟使关系之拱在行将圆成之时顿然消失，而后一种形式竟声称它纯属幻相虚构，必须摈除。

两种沉浸之说都植根于关于神我同一的恢宏教诲。前者主要根据约翰派的“吾与天父为一”，后者则乞灵于桑迪亚的教义：“包容一切，此即吾心之自我。”

此类学说所指引的乃是相互冲突抵牾的道路。前者发端于充满神秘的人生，在经历了地狱般的洪潮后形成一种学说；后者肇始于一种学说，尔后方走向神秘人生。而且，它们之性格特点也在发展进程中有所变化。约翰派传统的基督乃是道成肉身，而在埃克哈特[①]的学说里，基督却是上帝在人之灵魂中的永恒生育；同样，《奥义书》之加冕公式“此即是真，此即是我，此即是你”不久便演变成佛教之废黜公式“我及我性根本不可理喻”。

② Johann Eckhant（约 1260-1327 年）：德国中世纪神秘主义大师。——译者注

两种路径的开端与结尾都需分别考察。

"神我合一"之说毫无根据，凡逐章逐节读过《约翰福音》（它是关于纯粹关系的真正福音）者都可洞见此理。"我即你，你即我"，这比任何流俗的神秘诗句蕴含更多真理。圣父与圣子本性同一（也可以说，上帝与人本性同一），两者乃是不可分离的实在"二位"，即本原关系的两大承负者；在此关系中，由上帝到人即是使命，命令，由人到上帝即是仰望，聆听，两者之间玉立着知与爱；在此关系中，尽管圣父寓居于且施动于圣子中，后者却俯伏于"更伟大者"前，向他祈祷哀告。

把对话之本原实在性说成是"我"与"自我"的关联，或者，说成是人的自满自足的内心过程，凡此种种现代尝试皆是徒劳无功，皆隶属无根之非实在化进程。

——那么，神秘主义呢？难道它未曾晓喻我们如何体悟无二元性之合一？难道可以否认它之真理性？

——我所知的非是一种而是两种情况，在其间人不再体验到二元性，神秘主义学说把它们混为一谈，我一度也曾混淆了它们。

其中之一是灵魂的自我统一。此过程发生在人自身，而非在人与上帝之间。诸力量会集核心，一切远离核心者被纳入其中，此时，正若帕拉塞苏斯所言，在者完全退还于自身，振奋挺拔，欣喜若狂。这是人生死攸关的时辰，无它，人无力担当精神工作，有它，人可依其内心底蕴做出决定———此是途中小憩还是人生顶点。因为，在统一自我之后，人得以走向相遇，得以于神秘福祉中趋近关系；然他也可能满足于享受此身心统一的极度欢乐，不是进而担当崇高职责，而是蜷缩于怡然自得。人生路途中之一切皆是决定，有所意向，有所承望，有所神秘；这源于本心深处的决定乃是本原奥赜，乃是真正左右天意者。

其二是关系活动幽眇莫测的特定性格，在其间人误以为“二位”已融合为“一”，“一一相融，无蔽辉而无蔽”。“我”与“你”都已消退，先前与神性相对峙的人类现在已神化，圣化，溶化在神性之中。纯一业已呈现。但是，人欣喜若狂后必会精疲力竭，必会返还世俗操劳，在此时此刻，难道他不会发现自身之存在已分裂为二，其中之一业已毁灭沉沦？既然此岸绝对不可进入纯一，那么，即使我之灵魂能再度逾越此岸而飞升，这对灵魂有何助益？既然人生迸裂为二，那么一切“领承神圣”又有何意义？既然充盈恢宏之神圣时辰与我空疏卑微之尘世时辰毫无关联，既然我仍须滞留此世，在一切凄怆艰危中栖居，那么这神圣时辰如何能救济我，振拔我？由此我们可以理解，何以先哲贤人会痛斥所谓神迷狂喜之“合一”。

此是虚幻的合一。我且拿沉醉于炽烈欢情的人做它的类比。肉体相触之神妙奇迹令他们痴醉若狂，在合二而一的缱绻情意中，对“我”与“你”之意识全然消失。但此合一乃为虚幻，它不存在且不可能存在，心醉神迷之人所称的合一实则是关系的狂喜之动，在世界时间的这一瞬之中，在这消融“我”与“你”的瞬时片刻中，所呈现的非是合一，而是关系之动本身，它伫立在两位水乳交融的关系承负者之间，使其沉溺于忘我欢情。仅在此时此刻，关系活动才逾越自身，人如此强烈地体验到关系之生机盎然的合一性，以至于它的部分，它的枝叶在它绚烂光华前黯然消退，以至于承载它的“我”和“你”皆因它的沛然活力而被忘却忽略。

此是一种极限，实在性跨越它便逐渐消失。然而，与存在极限上这一切虚无缥缈的蛛网相比，那大地日日更新的围绕中心的实在性，那依偎枫枝的朝辉夕照，那对“永恒之你”的承望渴慕是何等伟大，何等庄严！

第二种沉浸之说会这样反诘：既然普遍存在与自我存在同为一体，因而任何对“你”的称述也不可至成终极实在。

可用此种学说本身来答复其诘难。《奥义书》中有这样的记载：众神之王因陀罗[①]曾求教于创造之神，即生主，询问他如何可找到且知悉“自我”。他潜修了一百年，两度一无所获地被逐出师门，最后方获致这样的真谛：“酣然长睡，无梦而寐，此即是自我、不朽、至坚、至在。”因陀罗欣然离去，但少顷便惊恐万状地重返生主：“至高神明，如此，则人不可因其自我而明鉴‘此是我’，‘彼是生灵’。他将沉入寂灭，其间不存任何慈悲。”“确乎如此”，生主回答。

尽管此学说包含有对本真存在的肯定，但它所肯定的乃是不可在此生此世中实现的真理，因而它与“同一”无关，与人亲历的实在无关，它把实在也贬低成现象世界。同样，尽管此学说要引导人沉浸入本真存在，但它不是指引人进入活生生的实在，反而是沦入其间没有意识、没有回忆的“寂灭”。由寂灭而出的人固然可以描说其体验，言述“非二元性”之类的有限性语词，但他们决不能将其称作同一。

在今生今世而非在更趋近本真存在的他生他世，上帝赐畀我

① Indra：印度教、婆罗门教的神名，指世界大王、众神之主。——译者注

们以神圣实在，因而我们当怀具神圣之心而关切它，珍惜它。

人所亲历的实在中根本没有存在之同一。实在仅存于活动作用之中，存在于在者的活动力量及幽奥底蕴中。同样，仅当有相互活动，相互作用之时，“内在”实在方能存在。当万有皆进入沛然活动，最有力、最深奥之实在便即刻呈现，它即是无所仰赖的全人与无所不包的上帝，即凝聚统一的“我”与无限无待的“你”。

统一之“我”：因为如我已指出的，在亲历实在中必有灵魂的凝聚统一，必有力量会集于核心，会集于人生死攸关的时辰。然这种统一与沉浸于“自我”迥然不同，后者漠视实在人格，它只保留“纯粹”，本原、不朽之物，而将其余一切尽皆摈除；但在“我”的此种统一中，本能非为不洁之物，感官非为无本之木，情感非为缥缈浮泛，人的一切都被纳入它的轨道。它所蕲求的不是分裂之“自我”，而是一应俱全的人。它指向且就是实在。

沉浸之说要求且预言人当成为唯一思想者，思想世界者，人当成为纯粹主体。然则在实在人生中，根本不存在无所思的思，思依赖于所思，恰如所思依赖于思。无对象之主体即是非实在之主体。无对象之思仅存在于思想本身中，作为思的产物，思的对象，即作为无直观的有限概念；其次，无对象的思也存在于对死亡的意向里，也可以说，存在于寂然长睡中。最后，它存在于倡导沉浸状态的学说内，沉浸如同沉睡，其间无意识，无回忆。此三者乃是“它”之语言的最高境界，人须崇敬它们淡泊漠然之崇高力量，但于崇敬之时必须认清：它们指向体验，但不能进入人生。

身为“已圆成者”与圆成者，佛陀对此缄默不语。他拒绝断定合一是否存在，经历了沉浸过程之一切考验的人在死后是否永驻合一。佛教对这种拒绝，“缄默”给予了两种解释：根据其论理解释，这是因为圆成超越思想范畴，超越任何判断；按照其实践解释，这是因为昭示圆成的本真内容并不能造就本真的获救人生。两种解释皆立足于一种真理——把存在当作可以言说判定的对象，就是把它置于“它”之世界的分离矛盾之中，其间根本不存获救人生。“诸比丘，若灵肉同属一体，则无获救人生；若灵肉各成一体，仍无获救人生。”无论在神秘直观或是实在人生中，控驭全局者并非“是此”或“非此”，“在”或“非在”，而是“此且彼”，“在且非在”，亦即是无可明辨者。获救之根本前提与无分别之神秘无分别地相对峙，佛陀当然属于明谙此理的圣贤之列。如同一切真正导师，他并不灌输思想，而只指点路径。他仅拒斥一种见解，一种愚人之妄见：“无动，无为，无力；而后人践行正道。”他仅提出一种断言，一种生死攸关的断言，“谙比丘，有未生者，未成者，未化者，未造者”；若非如此，则无所目的，若是如此，则道有目的。

竭诚于相遇的真理，我们可追随佛陀深入到此种境地，但若再进一步便是背弃人生之实在。

因为，根据我们不能回避只能分享参与的真理与实在，我们可以明察：如果佛陀所言的目的乃是众目的之一，则它绝非我们之目的；而如果它是唯一目的，则此说本身乃是妄言谵语；而且，如果它乃众目的中之一目的，则佛陀之路只能到它为止，如果它乃唯一目的，则它于此路始终是可望而不可即。

佛陀称此目的为“灭苦谛”，即灭死生，解脱轮回。此是能超脱对此生的贪欲与再生之苦者所进抵的灵境。我们不知是否有再生轮回，我们不可跨越此生之时间维度，既然生存于斯世，我们当不可探求在另一时间维度中敞亮自身者。然而，倘若确知必有再生，那么我们断不会竭力逃避轮回；我们当然不会渴念鄙俗生存，而只是蕲求这样的能力：在每一轮回中，以不同方式，不同语言，反复称诵永将灭寂之永恒的"我"，以及永永不灭之永恒的"你"。

我们无从知晓佛陀是否以摆脱生死轮回为终极目的，然他之中途目标却确乎与我们休戚相关，这即是渴求灵魂之凝聚统一。所不同者，他不仅要超脱"观念之丛"，且竟进而要摆脱"法相幻觉"，但法相于我们非是"幻觉"，而是可信可靠的世界（尽管人之直观中确有种种主观幻觉，但在我们看来，它们也属于世界）；如此，则他的路子也属于鄙弃世界之说。因之，当他言及人内观自体之时，其所言者恰与我们喻义明确的"自我洞观"相反，他未能指引统一之"我"飞升入至高无上的"称述你"，尽管在此时，通向"你"之途已向"我"敞开。佛陀之内在决定恰好筑居在人弃绝其"称述你之能力"上。

佛陀深知如何对人称述"你"。且看他与门徒之间亲密无间的心心交流。虽然他远远超越在他们之上，但他并未教授诲训；因为，那"心中包容一切存在"的爱不知何谓在者与在者的疏远对立。他于静默之极深处明鉴"称述你"乃是终极原因，但他身边就学于他的众"神明"皆不可仰承它。佛陀的行动发端于已转成实在的关系事件，此活动也就是对"你"之响应回答，但他对此保持缄默，隐约其词。

然而，佛陀的人类信徒们即"大乘"却全然背弃了他。他们竟以佛陀之名来称述人之"永恒之你"，他们奉他为世界历史之终点，断言他将莅临斯世并实现爱。

人之精神寓于人，而一切沉浸之说皆建立在巨大精神幻相上。精神发生于人，但位于人与上帝、世界之间。倘若抹杀精神的此种意义，即它的关系意义，那么寄身于人的精神便不得不把外在于人者纳入人自身，不得不把世界与上帝心灵化。此即是精神之心灵幻相。

佛陀说："我咫尺之躯包容世界、世界之生灭、世界生灭之途。"

此是真理，然最终而言此不复为真理。

世界只可作为观念"栖居"于我，恰如我只可作为物栖居于它。正因为如此，它并不在我之内，正如我不在它之中。世界与我相互包容。这种思之矛盾内在于"它"之境况，消失于"你"之境界，因为"你"使我走出世界，以便我能与世界连接沟通。

我承载"自我意义"，它不能被纳入世界；世界承载"存在意义"，它不能被纳入观念。后者非为可加以思考的"意义"，它乃世界之"世性"；同样，前者非为认识主体，它乃我之"我性"。两者各成终极统一体，不可再被"还原"。人固然能够否认其终极性，但他们所歪曲的仅是理解意义而非本真意义。

世界之生灭并非内在于我，然也非外在于我，生灭根本不能存在，它们仅能反复发生。此发生与我、我之人生、我之决定、我之工作、我之奉献相关；而且，此发生也依赖我、我之人生、我之决定、我之工作、我之奉献。它决不取决于我是"承认"还是"否认"世界在我心灵之中，它仅取决于我是否转变我对世界之心灵态度，使其成为人生，成为作用世界的人生，成为实在人生。而在实在人生中，所有源于不同心灵态度的路径将交相织联，欣然相结。但是，那仅仅“体悟”自身之心灵态度且仅仅在自我心灵中完善它者，乃是被世界所遗弃者。无论他如何博大精深，他所领有的一切把戏艺术、神秘狂喜、宗教激情，玄妙天机皆与世界无涉。只要人满足于在“自我”中获得拯救，那么他既不能施世界以爱也不能给它以祸，他根本和世界无关。信赖世界而后方可与它沟通，而致力于此者必与上帝同在。实在世界实在于它之一切空疏中。唯愿我们能挚爱这不甘沉沦毁灭的世界，唯愿我们能以精神之手拥抱它，如此，我们的手将相遇那紧执我们的手之手！

我对使人疏远上帝的“世界”或“此岸人生”一无所知，此种人生实际上乃是指“它”之异化世界中的异化人生，即只晓经验、利用的人生。那真正走出自我相遇世界者也必相遇上帝。统一自我与走出自我皆是必不可少的，两者乃是“一且另一”，即“纯一”。

上帝包容宇宙但非为宇宙，同样，上帝包容“自我”但非为“自我”。由于这不可言说的玄奥，我得以用我的语言称述“你”，恰若每个人各以自己的语言称述“你”；由于这不可言说的玄奥，才有了“我”与“你”，有了对话，有了精神，有了作为精神之本原活动的语言，有了永远不灭的“道”。

人之宗教境界即是他于现时中的此在，它不可消解的本质特点即是二律背反，它的本质决定了二律背反的不可消解。承认正题而否认反题者必贬损此境界的意义，竭力构造合题者必毁灭此

境界的意义，试图调和此对立者必根除此境界的意义，凡不欲以其整个生命穿越此矛盾冲突者必背弃此境界的意义。此境界之意义就是人生存于此境界且仅仅生存于此境界，他须以生命来体悟它之全部二律背反，反复不断，日日更新，无所预见，无所预想，无所预定。

把宗教之二律背反与哲学之二律背反加以比较，可令这一点昭彰较著。康德把必然性赋界现象世界，把自由给予本体世界，使其各居其域而不生冲突，由此把两者之哲学矛盾中立化，相对化。然而，如果我意谓的非是思想世界中的必然与自由，而是在我伫立于上帝面前这种实在中的必然与自由，如果我知道“我虔心听候你的裁夺”，又知道“皆备于我”，那么我决不能把不可调和之命题赋予两种不同领域，妄图以此逃避那必须以生命予以体悟的矛盾冲突，我也决不能乞灵于神学的概念艺术，企图使二者的观念上得到调和。我不得不把冲突双方皆纳入我的人生，以生命来体验它们，在此生命体验中两者方融为一体。

* * *

动物的双目能够表达何等丰富深邃的语言！当它们完全以其眼神来传义达意，无须假手语流，无须凭借动作，其双眼何等有力地言说出自然囚牢的神秘，生成的焦虑！唯有动物知悉此神奥境况，唯有它可向我们敞亮它（此境况只能敞亮，不能被一览无余地昭示）。言述此境况的语言也就是此语言所言述的内容——焦虑，或者说，动物辗转于植物安宁与精神冒险之间。此语言乃是自然初遇精神时的言謇口吃，当此之时，自然将把自身托付于人，让人为世界担当风险。然则无任何语言可再现此言謇所知悉者，所能表达者。

有时，我凝视家猫的双眼。它并未如你我可能想象的那样承接我们的馈赠，我们“示意”的眼神。相反地，它以牺牲其原始的逍遥自在为代价，换来与我们相沟通的能力。正是在这种能力中，在它的黎明朝辉中，出现了一种惊讶，一种诘问，这是它充满焦虑的原始逍遥中所根本缺乏的。它之凝视因触及我之凝视而熠熠发光，此凝视明明白白地追问我：“你真的想到了我？你不是拿我开心？我与你休戚相关？你视我为在者？我在？那从你溢出的是何物？那浸润我，拥抱我的是何物？那惠临我的是何物？那是何物？”（此处的“我”意指无我之“自我指谓”，由于语言中根本缺乏相当的语词，故只好用“我”来指代它；而此处的“那”当被理解为人的凝视洪流，它因领承了关系力量而充满实在性。）这是动物的凝视，这是焦虑语言，庄严升起，瞬时即堕；我之凝视当然可更为持久，然它已不复为人的凝视洪流。

引入关系事件的世界循环几乎立即便被另一种循环所取代，由此而戛然中止。“它”之世界笼罩动物与我，“你”之世界自无底深渊飞升而出，流溢金辉，但转瞬之间又堕入幽冥。

我曾多次体验过这微妙易逝的过程，茫昧难测的精神日出与日落本身即是一种语言，凭借它我方能言述它。除它而外，没有任何语言能如此有力地昭示此在之实在性如何短暂局促，我们之命运如何凄凉，个别之“你”如何不可避免地转成“它”。因为，在其他过程中，晨暮之间总有白昼，即使白昼为时短促；而在

“你”之世界，晨暮无情地交相缠绕，飞速更替，绚灿的“你”一闪即消。在这短暂的一时一瞬，动物与人是否挣脱了“它”之世界的重负？我或许尚能回想起这美好的瞬间，但动物却因其凝视的謇言而陷入焦虑，其间没有语言，也几乎不存回忆。连绵不断的“它”之世界何等雄健有力，“你”之显现何等柔弱疲惫！

物性之硬壳如此坚不可摧！啊，当观照闪烁奇妙神辉的云母片，我方才悟出“我”非为“我身中”之一物；然而，我必在我身中与你发生关联，关联仅发生于我之中而非我与你之间。但当有充溢生命者自物境中脱颖而出，作为在者呈现于我，以他之亲近，他之语言而惠临我之时，他不复为其他任何东西，他正是“你”，只是“你”；可这样的时辰何等短促，何等不可避免的短促！不过，必须要即刻消失的非是关系本身，而是它之直接实在性。爱不能滞留在直接关系中，她经久不衰，但不衰于实在性与可能性之交替循环里。遵其本性，世界之每一“你”必转成物，或者说，必反复重归物性。

仅在那包容万有的关系中，可能性才永远羁旅于实在性。在与我们相遇的众“你”当中，仅有一个“你”永远是“你”。知上帝者也确知上帝之高远，也深谙我们备受熬煎的心中因自身之卑微而萌生的苦痛，但他不知何谓非现时。因为，唯有我们才不能永久栖居于现时。

* * *

挚爱 Vita Nova〔新生〕者在多数情况下都恰如其分地称其为

Ella〔她〕，只是偶尔才使用 Voi〔您〕一语。观照 Paradiso〔天堂〕者称其为 Colui〔他〕，但他如此为之乃属言不由衷（出于诗意的需要），且他也深谙此点。无论人以“他”还是“它”来称呼上帝，其皆是寓言。仅当我们向他称述“你”之时，有限之意义方能传达世界之不朽真理。

* * *

世界中每一实在关系皆是唯一的，但“另一”侵袭它，仇视它；唯有在与上帝的关系中，无限唯一性与无限包容性才融入一体，囊括万有。

世界中每一实在关系皆筑居于个别性，此是它的欢乐，因为互有区别的个别因此而获致相互理解；此是它的限度，因为圆满之知与圆满之被知都因此而不存。而在纯全关系中，我的“你”包容我之“自我”但非为“自我”；我有限之知飞升入无限的被知。

世界中每一实在关系皆于实在与可能的交替中实现自身；每一个别的“你”必转成“它”之蛹，以便换翅更羽，再度鼓翼奋飞。而在纯粹关系中，可能仅是实在的小憩，“你”永驻足于现时。“永恒之你”本质上永恒的是“你”，只是我们的本性强使我们把“你”塞入“它”之世界，“它”之言语。

* * *

“它”之世界龟缩于时空网络。

“你”之世界超越于时空网络。

“你”之世界的网络伫立于“中心”，伫立于“永恒之你”，漫长的众关系线在其间欣然相会。

在纯粹关系之伟大特权的光耀下，“它”之世界的特权黯然失色，荡然无存。由于此特权的力量，“你”之世界无限延亘，一切转瞬即逝的关系皆亲密依偎于和融的此岸人生；由于此特权的力量，“你”之世界领具塑造宏力，精神贯穿“它”之世界，重塑“它”之世界；由此特权的力量，我们不必屈从世界之异化疏远、“我”之匮乏实在、恶魔之宰制统摄。皈依即是重识“中心”，“重返本己”。在此真性活动中，人被压抑的关系力量得以复苏，一切关系境界的波涛皆汇融入生机勃然的浩荡洪流，我们之世界重获新生。

或许，重获新生的不仅是我们的世界。我们瞥见了双重运动：其一是走出元始原因，万有由此而产生于生成过程；其二是返还元始原因，万有由此而告别存在。此双重运动即是元宇宙形式，它栖居在一切与非世界相对峙的世界之中。人之双重态度，原初辞之双重性，世界之双重面貌无不是它的体现。这两种运动均在命运的设造下展开于时间流程，寄身于神恩授意的超时间之永恒创造中，此创造不可理喻，它超越且迟留，放松且系执。面对这元始的神秘详谬，我们关于二重性之一切卓识都哑口无语。

* * *

关系世界由三种境界构成。

其一：与自然相关联的人生，关系于其间徘徊在语言门限之外；

其二：与人类相关联的人生，关系于其间具语言之形；

其三：于精神实体相关联的人生，其间之关系不可言喻，但它创生语言。

在每一关系境界中，在每一关系活动中，在每一现时地呈现于我们的生成过程中，我们都窥见“永恒之你”的身影；在每一境界，我们都承仰“永恒之你”的气息；在每一境界，且以特定的方式，我们都向“永恒之你”称述“你”。他包容每一境界，但任何境界均无力包容他。

现时之光华穿透每一境界。

但我们可能使任一境界丧失现时。

人从与自然相关联的人生中抽取出“物理”世界，即广延世界，从与人类相关联的人生中抽取出“心理”世界，即感觉世界，从与精神实体相关联的人生中抽取出“理念”世界，即必然世界。他褫夺它们的透明清朗、本真意义，使其沦为利用对象，转为晦暗混沌且示为晦暗混沌。纵然人赋予它们以宇宙、爱洛斯、逻各斯等明亮美称，一切也无所改变。因为，仅当宇宙成为人的家，仅当人在它圣洁灶台上供奉牺牲，他方可领有宇宙；仅当一切在者于他都成永恒上帝的化身，仅当宇宙大同随他们而展现其容，他方可承受爱洛斯；仅当人为精神勤劳顾复，竭力侍奉，由此而呼唤神秘，他方可仰接逻各斯。

形象无言之蕲求，人类活泼之言说，生灵缄默之表露，这一切均是通向“道”的门径。

然而，当纯全相遇惠临，一切门径将汇融成实在人生之唯一门户，此时，你不再能分辨你曾从何种门径跨入。

* * *

在三种境界中，与人相关联之人生最为显豁突出。其间，语言因言说与答言而完成自身；仅在其间，具语言之形的“道”相遇对它的回答，原初辞穿梭往返，既是呼唤称述，又是响应回答，以同样的形式活跃于同样的语言。“我”与“你”不仅伫立在关系，且长驻于恒定的“可说”。在此间也仅在此间，关系时辰通过浸润它们的语言而相互勾连，相遇者本固枝荣，沐浴“你”之圆满实在。在此间也仅在此间，观与被观，知与被知，爱与被爱领有不可丧失之实在。

此是正门，两扇侧门通向它包罗万象的敞开。

“当人与人妻两情缱绻，永恒山峦的仰慕便围绕他们飘然起舞。”

与人的关系本是与上帝的关系之本真摹本，其间，真实的称述呼唤皆承接真实的响应回答；所不同的是，万有皆作为语言而敞亮于上帝之回答中。

* * *

——难道孤寂不也是一扇门户？在幽深寂寞中，不是常有玄妙直观？难道我与自身的交流不能神妙莫测的化为与奥秘的神通？不被在所拘者方能与在相遇，难道此真言竟属谬说？新神学派的西蒙向其上帝哀号，“啊，寂寞圣一，请莅临寂寞众生！”

——孤寂因其源泉之不同而有两种。倘若把对经验物、利用物的超越称为孤独，则它永不可缺少，因为一切关系活动（不只是至上关系活动）之实现都须借助它。但倘若孤寂意味着关系匮乏，则向在者称述“你”但被在者所离弃者将由上帝振拔，而离弃在者之人也离弃了上帝。怀具贪欲之心而利用在者的人必会被在者所拘，但生存于现时伟力中的人只会与在者结成关系。唯有后者为上帝做好了准备，因为唯有他向上帝之实在奉献了人的实在。

孤寂也因其归宿之不同而有两类。倘若孤独是涤罪所，那么它甚而对于结成关系者也必不可少，只要他尚未飞升入万圣之圣，只要他仍担当风险，遭遇冲突，不断经历不可避免的失败，不断挺身承接考验。此种孤独正是人之真性的表征。但是，如果孤寂乃是分离所，在其间人与自我对话，如果这种对话并非是他为了与“等待者”相遇而施行的自练、自制，相反是为了自我陶醉于灵魂的精妙构造，那么这即是精神滑向智慧的彻底堕落。人甚而可能沉沦入最后深渊，自欺欺人地想象上帝就在他自身，他正与上帝对话。这是怎样一种虚妄！尽管上帝包容我，栖居于我，但我决不能包容他于己身。而且，仅当语言在我身中悄然隐退，我方可与他对话。

* * *

有位现代哲学家断言：“人必信仰，不是笃信上帝便是崇奉偶像。”偶像意指某种有限的善——国家、艺术、权势、知识、金钱、“渔色逐艳”，凡此种种皆可能是他之绝对价值，横亘于他和上帝之间。只要向他点破此类善的有限性，“打碎”其偶像，则皈依之宗教活动自会转向本真对象。

此种见解预设了人与他所“偶像化”的有限之善的关系和人与上帝的关系本质相当，所不同者只是对象的迥异；因为，只有做如此理解，才能解释何以对象的更换便能挽救误入迷途者。然而，“特殊之物”所以能窃取至上价值的王冠，所以能逼走永恒，乃是因为人与偶像的关联筑基于人对在者的经验、利用之上，在者于他只是“它”，只是物，只是享乐对象。仅仅这种关联就足以毁灭人对上帝的仰望，那冲破不可冲破的“它”之世界的仰望，唯称述“你”之关系可重塑它。欲求赢得、系执、保留偶像者被偶像所操纵，被占有欲所宰制，以至于着魔中邪，耽于癫狂。对此种人来说，皈依乃是唯一通向上帝之路，但皈依不仅是目标的改换，且也是活动本质的改变。着魔者可以得救，如果唤醒他，教育他，指引他进入无间关系；着魔者不可得救，如果指给他通向上帝之路又任其陷入癫狂。要是他执迷不悟，即使他不再呼唤恶魔或邪恶之灵的名称，即使他赞颂上帝的美名，这一切又有何意义？这只能意味着他从此沦为渎神者，把打碎的偶像抛置于祭坛下，然后在这污秽之地向上帝奉献不洁的牺牲。此即是渎神！

我深沉地爱恋，让爱人进入我之现时、此刻，呈现于她眼中的“你”使我瞥见“永恒之你”的圣辉。但“渔色逐艳”的人则不然，难道他们的贪欲能赋畀他们丝毫的永恒？在无涯命运中尽心侍奉国人，且无保留地献身于他们，这样的人必心怀上帝。但视国家为上帝者所以为它竭诚尽忠，只是因为他可通过国家形象来无限夸大自我形象，对于这种人，难道仅仅使他萌生对国家的厌恶之情，他便会仰见真理？当我们说某人“像崇拜上帝一样”崇拜金钱，崇拜这有形的非存在，我们究指何意？攫取财富、贮藏财富的贪欲与承接“现时者”之现时时的欢乐有何共同之处？难道金钱的奴仆能对其钱财称述“你”？既然他对称述“你”一无所知，他如何能接近上帝？他不能同事二主，甚而也不能异时而事二主，他必得事先学会以不同方式而“事”。

企图通过更换对象而达到皈依者“执有”一种幻相，他把它称为上帝。然作为永恒现时，上帝不会容忍谁放肆地执有他。悲乎，那以为自己执有上帝的执迷不悟者！

* * *

据说，“宗教人”超然于与世界及人类的关系之上，因为，他已通过发乎内心的力量超越了外界强施于他的社会等级。但是，社会这一概念包涵着两种根本迥异的意蕴：其一是筑基于关系的人类团体；其二是与关系无涉的人群聚合，即现代人那种一望即知的无关系性。挣脱“社会聚合”之地牢的路通向人类团体的光明大厦，而造就此大厦的力量也就是造就人与上帝之关系的力量。然则这并非是说人与上帝的关系乃是众关系中之一种：它是普遍关系，一切江河皆汇融入它，但各自依然保存自体。有谁能分割大海与河流，为它们划定明确分界？在这里，我们仅能看到“我”奔腾不息地流向“你”，此是实在人生之无垠洪流。人生不可被劈成两截，一半是与上帝的本真关系，一半是“我—它”与世界的非本真关联。因为你决不能既虔心祈祷上帝又无情利用世界。视世界为谋利对象者也必对上帝作如是观，他之祈祷实际是自我开脱，只能传到虚无的耳中。真正的不信神者正是他，而非是“无神论者”，后者于寂夜中，从他窗棂的渴念中向无可名状者哀告呼号。

又据说，“宗教人”孑然一身，无所依傍，卓然伫立在上帝面前，因为他也超越了“道德人”之境界，后者仍对世界担当义务，仍为他人之行为承负责任。道德之存在以“是”与“应该”之间的冲突为前提，故而“道德人”必怀具悖情绝望的自我牺牲勇气，他必把心一片片撕裂以填塞两者之间无底的鸿沟。相反，“宗教人”产生于世界与上帝之间的冲突；此间的最高律令是：摈除因责任以及自我要求而生的紧张不安；此间没有个人意志，仅有对造化安排的虔心顺从；此间，每一“应该”均消失在绝对存在之中。世界依然存在，但它形同虚设，人虽在世间履行分内之责，但他并不担当义务，因为一切行动皆属虚无。

这岂不是妄测上帝创造的乃是虚幻世界，昏庸人类？临近“圣容”者的确跨越了责任、义务，但这并非是因为他已远离世界，相反应该说，这正是因为他更接近世界。我们只是对路人过客承担义务、责任，而对亲人挚友却奉献亲近爱心。当人临近“圣容”之时，世界将沐浴于绚烂永恒中，化为纯全现时；此时，人能吐出纯一呼唤，向万有之有称述“你”；此时，世界与上帝的冲突顿然消失，唯有实在伫立其中。人并非超脱了天职，他只是用有限者的苦痛及对后果的探求换来了无限者的沛然动力，换来了这样的天职：向不可探求的世界进程奉献爱，向深沉的“栖身于世界”奉献爱，向在上帝圣容之光耀下的栖身奉献爱。他的确永远舍弃了道德判断；现在，“恶人”不过是我们必须对其担当更多责任，施予更炽爱心的人。不过，人必得从深邃莫测之意志自决出发做出决定，就何谓正当行为做出清醒决断，反复为之，至死方休。如此之作为决非虚无，它乃有目的的，必须的，必要的，创造的；如此，则它非为外界强施于人，它自发而生，其天然犹如无为。

＊＊＊

何谓永恒？它是现时地呈现于“此时”、“此地”的本原现象，即我们称为“启示”者？它是如此一种现象：当人从至高无上的相遇时辰返还斯世，他已不复为先前的他。相遇时辰非为刺激知觉心灵的极乐“经验”，相反地，当此之时，变化产生于人自身；有时，它若一缕轻微气息，有时，它若一场酷烈角斗，但不管怎样，它必产生。践行了纯粹关系之真性活动中已领承了一种“充实”，一种禀性的“增益”，一种先前未曾有过的“扩充”，一种他无从揭示其来源的“恢拓”。世界的科学习性热衷于建立无懈可击的坚实因果性，但无论它把此“增益”归结为哪一种原因，是无意识还是其他心理装置，其与我们都丝毫无涉。因为，我们真正关切的乃是实在，此即是说：我们体尝到未曾有过的充实，而且，我们如此深切地体验到它，以至于我们悟出它专为我们而设。对此，《圣经》这样说：“蕲望主的人将更新其力量。”尼采（他以其特有的方式忠实于实在）则说：“我们只是领受，我们不追问是谁

将它赋畀我们。”

人领承，且所领承的仅有现时，作为伟力的现时，除此而外无任何所谓的特定“内容”。现时与伟力包括三种东西，它们浑然一体，然我们可分别加以考察。首先是充盈纯全的实在相遇，充盈纯全的振拔，充盈纯全的关系性存在；我们不可说明此关系性存在如何创生，它不能减轻人生的重负，相反倒使人生之重负更为沉重，但这是有意义的沉重。其次是意义之不可言喻的确定。意义确凿不移，毋庸置疑。在现时中，一切，每一物必有意义。人生之意义何在，此问题于此间不复存在。即使它依然留存，也不必予以回答。你不可知晓该如何展示、定义人生意义，你不可规定它，描说它，然则它比你的任何感官知觉更真切确定。敞开的或隐匿的意义对人有何要求，有何期望？它所期望的非是人阐明它（我们也无力于此），而是践行它。最后是意义的此岸性。意义非为“来生”之意义，它伫立于此生之中。此意义非属于“彼岸”世界，它羁旅在斯世之内，它期望在此生实现自己，实现于与此世的关系。此意义可被领承，但不可被经验；此意义不可被经验，而只可被践行。这即是它之要求。“意义确凿不移”不欲囿禁于我身，它要我把它摊开给世界。意义不会容忍人教授它，把它变成流俗之知识；同样，“意义确凿不移”也不可被当作“应该”而传授教诲，它不能被律令化，刊刻于匾额，高悬于众人颅顶之上。人领承意义，但仅有每个人之存在的唯一性，人生的唯一性可证明它的真理。任何律令都不能引人进入相遇，同样，任何相遇也不可从律令中发生。“走—进—关—系”之唯一条件是领承现时，同样，在新的意义上，“步—出—关—系”之唯一条件也

是领承现时。我们口诵纯朴简洁的“你”而走向关系，同样，我们也口诵“你”而告别关系，返还世界。

我们面对她而生存，我们在她之中生存，我们步出她而生存，我们进入她而生存，她，那莫测的神秘，无论我们怎样，她依旧是她。她现时地呈现于我们，她在现时的光辉中敞亮自身，敞亮作为拯救的自身。我们“知悉”她，但我们从她不可获致任何知识，任何知识皆会减损她之神秘，玷污她之神秘。我们趋近上帝，但不可更接近在的显露，或者在之谜的解答。我们体悟解救而不是发现解答。我们不能怀具所领承的真谛走向他人，告诉他们“你必得知此，你必得如此”。我们只能走向他人并奉献真理，但这也非是“应该”，然而我们能够如此，我们必须如此。

此即永恒启示，它现时地存在于当下。此刻，除了这种本原现象，我不知有任何启示，我不信仰任何启示。我不信仰自我命名的上帝，我不信仰在人前自我定义的上帝。启示之“道”即是：我就是我。启示者即启示者。在者即在。仅此而已。永恒之力泉永永不息，永恒之相遇永永不殆，永恒之宏声永永不寂。仅此而已。

* * *

“永恒之你”本质上不可转成“它”，因为，它本质上不可测度，不可限定，甚至不可被不可测度所测度，被不可限定所限定；因为，他本质上不可被理解成一束性质，甚至不可被理解成先验水平上的无限性质；因为，他既不在世界之中也不在世界之外；因为，他不可被经验，不可被思想；因为，如果我们说“我笃信主存在”，我们便即刻丧失了他，那永永不灭者。“他”只是譬喻，“你”却不然。

然而，由于我们的天性，我们必得反复不断地把“永恒之你”变成“它”，变成物，变成“某物”，即把上帝物化。的确，这不是我们的恣意所为，上帝的物化贯穿整个宗教及宗教制度的历程，贯穿整个宗教兴衰的历程，贯穿整个宗教之振拔人生及毁灭人生的历程，贯穿整个离弃上帝又返还上帝的历程。上帝的物化历史，“现时”之变形，消解、复兴，“现时”之形象化、想象化、概念化——凡此种种皆是一条路，皆是唯一之路。

宗教学说及宗教戒律从何而来？诚然，一切宗教都必然起源于某种形式的启示，或是言语启示，或是自然启示，或是心灵启示；世界只有启示宗教。但是，启示之现时与力量，人于启示中所领悟的现时与力量怎么会蜕变成“内容”？

有两种层次的解释。当我们把人看作人自身，当作独立于历史者时，便可理解其外在的心理层次；而当我们把他放到历史中加以考察时，便可领会其内在的事实层次，即宗教的本原现象。两种层次同属一体。

人渴求占有上帝：人渴求在时空中持久恒常地占有上帝。他不满足于意义之不可言喻的确定，而期望这确定不移能衍化成某种可不断攫取与把握的东西，一种在时空间牢不可破的恒定，由此确保他之人生在每一时辰，每一地点均安然无虞。

实在与可能（在“可能”里，关系力量与现时萎缩锐减，但本原现时不会如此）的交相更替构成纯粹关系的生命韵律，但它不能满足人对持久恒定的渴念。人企望扩展时间，希冀经久连绵，这样，上帝便沦为了信仰对象，而信仰被置于时间之中。最初，此种信仰尚能完善关系活动，但尔后却逐渐取而代之；人之真性活动乃是凝结自我，进入关系，但现在，“安居于所信仰的它”已取代了这种不断更新的活动。那既知上帝之高远又知上帝之亲近的勇士怀具着“但我笃信”的决心，然而，此种“但我笃信”现在已演变成既得利益者日益炽烈的高枕无忧，他以为任何灾祸也不会降临他，因为圣者助他佑他。

人把世界引入相遇，但人仅能作为人格方能接近、相遇上帝。但是，这条定规、纯粹关系的人生结构以及“我”于“你”面前的“孤寂”都不能满足人对持久恒定的渴求。他企望空间的扩展，希冀宗教团体与其上帝融为一体。这样，上帝便沉沦为礼拜对象。最初，礼拜尚能实现关系活动，它把充溢生气的祈祷、对“你”的直接称述置人展开于空间的伟大造型能力，使其与感官人生相沟通。但当人放弃了个人祈祷并以公共祈祷取替它，当不可被教规操纵的真性活动被程式化的祈祷仪式所替代，礼拜便逐渐排斥了关系活动。

实际上，仅当纯粹关系与人生中的全部质料相结合之后，仅当其具形赋体之时，它方可具有时间的持久，空间的恒定。人不能持有关系，人只能实践它，践行它，于人生中践行它。仅当他根据自身的力量，因时制宜地于世界中日日重新实现上帝，他方能不污损他与上帝的关系，方能分享此关系。这里才有真切可靠的持久恒定。本真妥靠的时间持久性取决于：在者竞相成为“你”，在者竞相仰承“你”，纯粹关系由此而实现自身；神圣原初辞在每一在者身旁振响，人生之时间由此而栖身在圆全实在中，听命于实在的支配；即使人生既不能也不应当焚毁“它”的网络，但生命与关系如此水乳交融，以至于关系在人生中赢得了奔流不息的辉煌持续；至高无上的关系时辰不再若闪电转瞬即逝，不再猛烈迸发光明、旋即沉入黑暗，现在，它是冉冉升起的明月，遨游灿烂星空。同样，本真妥靠的空间恒定性取决于：人与本真之“你”的众多关系，也即从每一“我”延伸到“中心”的射线，携手构成圆圈。其间，居于核心地位的非是外圈即团体，而是射线——与“中心”之关系共性，唯后者能确保人类团体永存不衰。

时间连绵于充溢关系的神圣人生之内，空间延伸于“中心”造就的人类团体之中。仅当这两种情况出现且长存之时，人类宇宙才会呈现与存在。人类宇宙围绕隐形匿身的祭坛，唯有精神能在亘古久远的世界质料中洞见它。

上帝莅临人，其目的非是要人向往他、渴慕他，而是为了让人确信世界具有意义。一切启示皆是召唤，皆是神意。但是，人不是实现启示，反而一次次转向对启示者的沉思；他不是关切世界，反而眷注上帝。在这样的沉思中，“你”不再相遇人，无可奈何之下，人只得在物性中树立“它”之上帝；他竟相信自己像熟谙“它”一样熟谙上帝，而且滔滔不绝地谈论他。寻求上帝者恰若寻求自我者，后者不是去亲历体尝某种感觉，某种心绪，反而去冥思进行知觉或反思的“我”，结果根本无法把握实情真理；除了寻求的对象有所不同，寻求上帝者和这种人完全一样，他不是去弘扬上帝的恩赐，反而去冥思恩赐者，结果一事无成，两头落空。

人受命远出时，上帝现时地与他同在，上帝无时不与他同在。

浪迹天涯的传教者越赤诚忠贞，上帝的莅临便越有力持久。这种人虽然未孜孜眷念上帝，但他与他不息交流。而沉思冥想却把上帝变成了对象；表面看来，它似乎是束身回归本原，但实则沉溺于世俗的背离上帝之潮流。表面看来，传教者似乎远离上帝，但他实则汇融入奔向本原的滔滔洪流。

扩张自我与皈依关系，它们构成世界之两大元宇宙运动。在人与上帝的关联历程中，两大运动展现出其最高人类形式，即它们相互斗争又相互调和，相互混合又相互分离的基本精神形式。在皈依中，“道”降临大地；在扩张中，“道”化身为蛹，蛰居于宗教，以待在新的皈依中再度出世，振翼奋飞。

宰制世界的不是自我意欲，虽然趋向“它”之运动有时猖獗一时，企图压抑且扼杀重返“你”之运动。

无声启示无时不有，无时不存，它与宗教所吁请的宏声启示本质相通。每逢伟大团体诞生之时，每逢时代发生重大转折之时，总有宏声启示出现，它们正是永恒长驻的启示。不过，启示不会把领承启示者当作涵道，以便经由他们涌入世界；相反地，它惠临他们，抓住他们的“殊在”之全部殊性要质并与其契然相融。同样，人虽然是启示之“口舌”，但他非为传声筒，非为任何工具；他乃风琴，按自身之定规而发出宏声。诵音即变音。

然则不同时代之间有着质的差别。当长期遭受压抑的人类精神之本真要素暗中运筹，厉兵秣马，当局势如此紧张危急以致一触即发，成熟时代便应运而生。此时所显现的启示立即抓住行将爆发的精神，抓住它的全部特质，熔化它，尔后用它锻造出新的精神形式，上帝呈现于世的新形式。

如此，在历史进程中，在人类殊性之演进中，世界与精神的新领域不断出现，它们受命于召唤而具神圣之形。如此，则源源迭出的新领域乃是神明显灵之所。创此业绩的不是人类本身的力量，但也非是上帝的纯粹运行，它乃神力与人力的混成。在领承启示而外出传教者的眼中，上帝的形象与他共同前往；日常感官不可窥见此形象，但他却以其精神之眼瞥见了他。精神之眼并非比喻玄言，它乃精神纯全实在的视力。精神也通过直观来响应上帝，造型直观。尽管我们尘世中人无法直观无世界的上帝，只能直观上帝中的世界，然我们直观世界之时即是我们塑造上帝永恒形象之时。

形象也是“你”与“它”的混成。形象因信仰与礼拜而固化为对象，但由于它所蕴含的关系本质，它必反复重现为现时。仅当人不欲使上帝形象疏远上帝之时，他才会莅临他之形象。在本真祈祷中，信仰与礼拜融成一体，涤净自身，进入生机盎然的关系。本真祈祷生存于宗教，此是宗教之真生命的依据；仅当它活跃于宗教中，宗教方领具生命，宗教之堕落意谓着它之中的祈祷的堕落。

日增益烈的对象化倾向扼杀了宗教的关系力量，它越来越难以称述“你”，难以用纯全圆满之真性称述“你”；最后，人为了重获此种称述能力，不得不走出虚妄的安居，步入无限的风险。此即是说：人不得不走出团体，进入不可逃避的孤独；这是因为，团体之上已无绚烂天穹的光鉴，仅有庙堂拱穹的护蔽。把人的这种追求称之为“主观性”乃是对它的根本误解。圣容光耀下的人生才是唯一实在的人生，唯一真正“客观”的人生，人逃离安居而进入此人生，他蕲求趁肤浅虚假的客观性尚未淹没本真实在的客观性之时，挣脱前者而获致后者，以便拯救自己。主观性是无灵魂的上帝，客观性是对象化的上帝，前者乃虚假自由，后者乃空幻恒定，两者皆与实在背道而驰，两者皆妄图取代实在。

如果人并未使上帝形象疏远上帝，则他将莅临他之形象。然一旦宗教的自我扩张运动遏止了皈依关系的运动，从而使形象疏远上帝，那么形象之圣容将湮没消失，其口唇将惨白枯萎，其双手将颓然下垂，它将不再为上帝所识。此时，围绕上帝祭坛构造起来的世界居所、人类宇宙皆毁圮坍塌，人类在真理的毁灭中不可再明察所发生的一切，而这种明察本身也沉沦入所发生的一切之中。

于是，出现了"道"的迸裂。

"道"发生于启示中，活跃于上帝形象之勃然生机中，流俗于僵死形象的统摄中。

这即是永恒的且永恒现时的"道"在历史中所经历的进展与倒退。

生机盎然的"道"呈现于世的时代即是"我"与世界之关系复苏更新的时代；活泼沛然的"道"主宰世界的时代即是"我"与世界之和谐岿然挺立的时代；"道"之流俗的时代即是"我"与世界相疏远的时代，这是非实在化的时代，这是宿命化的时代——直至人满怀恐惧，于黑暗中屏住呼吸，直至人陷入蓄力以再度奋飞的沉默。

但此历程非为循环。它正是道路。在每一新生的亘古中，宿命越加汹汹，皈依越加赫赫。上帝的显现越加临近，它临近人际领域，临近潜伏于我们之间，隐身于“在此之间”的王国。历史乃玄奥的趋近，它之历程中的每一螺旋线都使我们沉沦入更彻底的堕落，又使我们飞升入更完善的皈依。从世界看，此历程即是皈依；从上帝看，此历程则是拯救。

图书在版编目(CIP)数据

我与你/(德)马丁·布伯著;陈维纲译.—北京:商务印书馆,2024
(汉译世界学术名著丛书:120年纪念版:珍藏本:增订本)
ISBN 978-7-100-23385-9

Ⅰ.①我… Ⅱ.①马…②陈… Ⅲ.①宗教哲学—研究 Ⅳ.①B920

中国国家版本馆CIP数据核字(2024)第041269号

汉译世界学术名著丛书
(120年纪念版·珍藏本·增订本)
我与你
〔德〕马丁·布伯 著
陈维纲 译

商务印书馆出版
(北京王府井大街36号 邮政编码100710)
商务印书馆发行
北京通州皇家印刷厂印刷
ISBN 978-7-100-23385-9

2024年5月第1版 开本710×1000 1/16
2024年5月北京第1次印刷 印张7
定价:45.00元